editionmios

Peter Collier • Luitgard Jany • Berthold Jany

HALLO RUHESTAND!

Start in eine neue Freiheit

mit Cartoons
von Haralds Klavinius

editionmios

editionmios

3., aktualisierte Auflage 2014

D-97222 Rimpar/Würzburg, www.weConsult-verlag.de,
collier@weconsult-verlag.de
Auslieferung: Fachverlag Schiele & Schön GmbH,
Markgrafenstr. 11,10969 Berlin
service@schiele-schoen.de

Gestaltung: Anita Schreiner, Würzburg
Umschlagsillustration & Cartoons: Haralds Klavinius, Würzburg
Druck & Bindung: CPI Books, Leck

ISBN 978-3-7949-0892-9

Übertritt in den Ruhestand

INHALTSVERZEICHNIS

BEVOR ES RICHTIG LOS GEHT – EIN PAAR VORBEMERKUNGEN

Was dieses Buch möchte und was es nicht möchte • Vor Ihnen liegt ein faszinierender Lebensabschnitt • Was Ruhestand mit Pubertät zu tun hat • Jeder muß seinen eigenen Weg finden

Lieber Leser,

dies ist kein Buch über das Älterwerden! Davon gibt es inzwischen eine ganze Menge auf dem Markt. Hier werden Sie auch keinen Tip bekommen, wie Sie Ihre Rente beantragen und welche Pillen Sie bei irgendwelchen Altersgebrechen nehmen sollen. Dies ist aber auch kein Ratgeber, der Ihnen mit erhobenem Zeigefinger vorschreibt, wie Sie sich in dieser oder jener Lebenslage am besten zu verhalten haben, damit Sie es ja richtig machen.

Wir haben uns auf einen ganz kleinen Abschnitt unseres Lebens konzentriert, auf den Übergang von dem, was man so gemeinhin als Berufsleben bezeichnet, in die neue Freiheit des dritten Lebensabschnitts. Dieser Übergang ist eine faszinierende Phase. Und je mehr wir uns mit dem Thema beschäftigt haben, umso mehr wurde uns bewußt, daß es gut ist, sich schon sehr früh auf diesen Abschnitt einzustellen. Deshalb hoffen wir, daß auch der eine oder andere, der noch mitten im Berufsleben steckt, dieses Buch liest. Auch hier gilt: Es ist nie zu früh und selten zu spät!

So möchte dieses Buch Ihnen ein Begleiter sein, im Übergang zu einem ganz neuen Lebensabschnitt nach der Zeit des Erwerbslebens die neuen Chancen zu ergreifen. Ein Übergang ist ja immer eine Zeit der Krise und der Ungewißheit.

Sie werden sehen: Die Zahl der Chancen in Ihrem neuen Lebensabschnitt ist sehr groß – sicherlich viel größer, als Sie selbst es sich vorstellen und vielleicht größer, als Sie sie je zuvor hatten.

Deshalb lag es nahe, über dieses Thema ein fröhliches Buch zu schreiben. Ein Buch, das einerseits eine Geschichte von einem ist, der auszog, den Ruhestand zu lernen. Und auf der anderen Seite wollen wir mit Mythen, die sich rund um das Thema Ruhestand gebildet haben, gründlich aufräumen. Also gewissermaßen auch ein Entrümpelungsbuch! Entrümpelungsaktionen führen im allgemeinen dazu, daß hinterher der Blick freier und klarer wird. Wir hoffen, daß uns dies gelungen ist. Sie können die 184 Seiten in einem Rutsch lesen – sie können sich aber auch die einzelnen Kapitel häppchenweise zu Gemüte führen. Wir haben uns vorgenommen, daß es auch Spaß machen sollte, dieses Buch zu lesen. Da kann es uns natürlich passieren, daß strenge Wissenschaftler zuweilen die deutsche Ernsthaftigkeit der Wissenschaft in unserer Erzählung vermissen....

Aber wie sagte es doch Curt Goetz, in seinem herrlichen Theaterstück „Dr. med. Hiob Prätorius" so schön:

„

Gelehrt sind wir genug.
Was uns fehlt, ist Freude,
was wir brauchen, ist Hoffnung,
was uns nottut, ist Zuversicht,
wonach wir verschmachten,
ist Frohsinn!

"

Schließlich lassen sich auch Lebensaufgaben am besten lösen, wenn sie nicht allzu ernst und bissig angegangen werden.

Dies ist auch kein Ratgeber von jemandem, wer weiß, wie es geht. Die Welt ist voll mit solchen Leuten! Wenn Sie jetzt vielleicht 60 oder 65 sind, haben Sie im Laufe Ihres Lebens gelernt, ganz vorsichtig zu sein, wenn einer kommt, der behauptet, es ganz genau zu wissen, wie es geht.

Dieses Buch ist zum einen ein Erfahrungsbericht. In diesen Bericht sind ebenso eigene wie auch Erfahrungen anderer eingearbeitet. In zahlreichen Gesprächen haben wir viele Anregungen bekommen. Luitgard und Berthold Jany, sie Diplom-Psychologin, er Professor und Chefarzt für Innere

Medizin an der Würzburger Missionsärztlichen Klinik, haben sich aus ihrer fachlichen Warte kritisch mit zahlreichen fragwürdigen Mythen und anderen Thesen um das Thema Ruhestand auseinandergesetzt.

Wenn drei Autoren an einem Buch schreiben, dann kann es auch immer wieder einmal unterschiedliche Perspektiven geben. Wir haben uns nicht bemüht, diese zu verstecken. Denn es gibt, wie so oft im Leben, auch hier nicht nur eine Wahrheit.

Dank sei gesagt den Graphik-Designern Anita Schreiner und Haralds Klavinius, die das Buch mit viel Freude und Liebe zum Detail gestaltet haben.

Zur besseren Lesbarkeit haben wir uns dafür entschieden, auf geschlechtsspezifische Sprachformen zu verzichten. Unsere – hoffentlich zahlreichen – Leserinnen mögen sich also z.B. durch die neutrale Form „Leser" genauso angesprochen fühlen! Ebenso haben wir im wesentlichen die herkömmliche Rechtschreibung verwendet. Sie dürfte Ihnen, lieber Leser, auch vertrauter sein und ist oftmals einfach leichter lesbar.

So wünschen wir Ihnen viel Freude am Lesen!

"

Man soll das Feuer

in seiner Seele

nie ausgehen lassen,

sondern es schüren.

"

Vincent van Gogh

LEBEN SIE!

Die Zeit der Konkurrenz ist vorbei • Kein Leben im Wartestand • Weiterentwickeln und wachsen • Noch kann ich •
Mythos Nr. 1: Ruhestand = Passivität

Gestern unterhielt ich mich mit einem Freund über seinen bevorstehenden Ruhestand. Nach einigem Zögern beichtete er mir, daß er mit einiger Sorge daran denke. Vor allem mache er sich Gedanken über das Einkommen, das dann geringer sei als heute. Ein anderer Bekannter hatte mir vor längerer Zeit einmal gestanden: „Vor diesem Tag habe ich einen furchtbaren Horror!“ Er war das, was man so landläufig als ein ausgesprochenes Arbeitstier bezeichnet, ein Mensch, der ausschließlich in seiner und für seine Arbeit lebt. Und nun sollte sie bald zu Ende gehen, und er fühlte sich schon in ein tiefes Loch fallen.

Schockieren kann ja schon allein der Begriff: „Ruhestand“! Man muß es sich wohl auf der Zunge zergehen lassen:

Ruhestand

Das klingt so wie ruhiggestellt, stehen bleiben, bar jeder Vitalität – tot, Hände in den Schoß legen, vor dem Austragshäuserl in der warmen Herbstsonne sitzen und warten, bis irgendwo irgendetwas passiert – nur nicht bei einem selbst! Im Duden der Synonyme wird es als „Lebensabend“ beschrieben; der Begriff findet sich zwischen „Ruhesessel“ und „Ruhestätte “. Außenstehende scheinen manchmal die beiden Begriffe zu verwechseln. Deshalb tröstete der frühere Bundespräsident Roman Herzog die bei seiner Verabschiedung emotional vom Leder ziehenden Vorredner mit dem Hinweis: „Ich scheide doch nur aus dem Amt, nicht aus dem Leben!“

Meistens nennt man hierzulande den Ruhestand „wohlverdient“. Das klingt dann so wie ein bißchen „selbst schuld!“ Seit der grandiosen Rechtschreibreform schreibt man das: „wohl verdient“ – ein eigenartiger Zungenschlag, der die Frage aufkommen läßt, ob man den Ruhestand nun verdient hat oder vielleicht doch nicht?

Zur Trauer oder Schwermut ist in diesem Alter jedenfalls kein Grund. Dabei muß man sich ja nur die Statistik ansehen: Ein Mann lebt in Deutschland heute 77 Jahre, eine Frau wird im Durchschnitt 83 Jahre alt. Der frischgebackene Ruheständler kann im Durchschnitt noch auf 17 Jahre hoffen – erfüllte Jahre oder solche im Wartestand. In der griechisch-römischen Antike lag dagegen die mittlere Lebenserwartung bei 20 Jahren, in der Zeit Goethes bei 35

Jahren und noch Anfang des 20 Jahrhunderts bei gerade einmal 45 Jahren! Allein seit 1945 ist in Deutschland die Lebenserwartung um mehr als zehn Jahre gestiegen – und sie steigt immer noch.

Aber die Tatsache bleibt, daß der Eintritt in den Ruhestand für die Menschen einen Bruch in der Lebensgeschichte darstellt. Beispiele für Menschen, die damit Schwierigkeiten haben, gibt es zuhauf. Gestern erzählte mir eine Bekannte von einem Onkel, der nun – nach Erreichen der Grenze – in der berühmten Familien-GmbH (**G**eh mal • **M**ach mal • **B**ring mal • **H**ol mal!) seine Beschäftigung findet. Damit der Tag ausgefüllt ist, geht er erst zum Bäcker, kommt heim, dann zum Metzger, kommt wieder heim, dann zum Lebensmittelladen ... usw.

Freunde berichteten mir von dem pensionierten Schulleiter, der täglich in seiner alten Schule aufkreuzt und fragt, ob nicht eine Vertretung zu machen sei.

Wer einen sehr kontinuierlichen Lebenslauf hatte – bei mir war es so – der tut sich schwerer mit diesem ersten großen Bruch als jemand, der in der Zeit seines Berufslebens mehrfach die Arbeitsstelle wechseln mußte oder auch umgezogen ist. Und auch Frauen gelten hier wohl als flexibler. Während wir Männer voll in unserem Beruf aufgehen (oder auch untergehen!), da sehen Frauen dann doch wohl öfter, daß das Leben mehr ist als nur der Beruf.

Das Projekt, ein Buch mit meinen eigenen Erfahrungen zu schreiben, startete, nachdem ich mich entschlossen hatte, jetzt nicht mehr vor diesem näherrückenden Ereignis die Augen zu verschließen sondern es aktiv anzugehen!

Bis dahin ging es mir so wie vielen anderen: Auf Hinweise meiner Frau auf dieses, das Alter andeutende Ereignis, reagierte ich unwirsch, und wenn mich jemand fragte, wann ich wohl in den „wohlverdienten Ruhestand" gehen würde, antwortete ich, teils ärgerlich, teils schnippisch, „in 27 Jahren", woraufhin die meist wohlwollenden Frager mit einem verzeihenden Lächeln das Thema beendeten. Noch bei meinem 60. Geburtstag hatte ich – ein wenig großspurig – meiner Umwelt erklärt, daß ich nicht daran denke, aus meinem Beruf auszuscheiden. Vielleicht war's auch damals wie das Pfeifen des ängstlichen Kindes im dunklen Wald.

In den USA war es mir das erste Mal auf einer Reise passiert, daß mich freundliche Menschen fragten „Are you retired?" („Sind Sie schon im Ruhestand?"). Innerlich war ich geradezu empört, wie man mich so etwas fragen könne, mich, der ich mit meinen 51 Jahren so fest im Beruf stand, daß an ein Aufhören auch nicht im entferntesten zu denken war!

Vor zwei Jahren – ich war gerade 64 geworden – dämmerte es mir so ganz allmählich: Jetzt mußt Du Dich wohl doch damit befassen, wie Du nach dem Ruhestand Dein Leben gestalten willst! Womit der geneigte Leser spürt, daß sich ihm hier kein vorbildlicher Ruhestandsplaner präsentiert!

So, und jetzt habe ich selbst diesen Sprung ins neue Leben unternommen und habe ihn wohl auch ganz gut überstanden. Wenn Sie das Buch als Noch-nicht-Betroffener in Händen halten, wird es Ihnen vielleicht helfen, Ihre Eltern, Verwandten oder Freunde besser zu verstehen, die jetzt die „Grenze" überschritten haben.

Die erste Erkenntnis für den, der sich mit dieser Grenze befaßt, lautet:

Das Leben,
Ihr Leben geht weiter.

Noch nie war Ihr eigener Freiraum so groß wie jetzt: Sie möchten in der nächsten Woche einen kleinen Urlaub machen? Bitte sehr! Sie wollen heute ins Museum gehen zu einer schönen Ausstellung oder ins Schwimmbad? Nichts hindert Sie daran – außer vielleicht Ihrer eigenen Trägheit. Zum ersten Mal in Ihrem Leben können Sie ein Leben führen, das nicht mehr fremdbestimmt ist. Sie können jetzt über Ihre Zeit verfügen, Sie können selbst die Prioritäten in Ihrem Leben setzen. Vorher gab es Chefs, die ihre eigenen

Vorstellungen hatten, auch Kunden oder die verschiedenen Geschäftspartner. Wie oft war es mir in meiner Vergangenheit passiert, daß meine Frau mir mit einer Theaterkarte winkte – ich gehe gern ins Theater – und ich mußte dann sagen: Heute geht es nicht, heute habe ich die oder jene berufliche Verpflichtung.

Mit den Verpflichtungen dieser Art ist es nun vorbei. Und alles, was ich mir an neuen Pflichten freiwillig auflade, kann ich wieder abwerfen, wenn mir die Last zu groß werden sollte. Wer das im Beruf versucht, wird schnell eines Besseren belehrt werden. Auch der Selbständige, den man manchmal wegen seiner eigenen Freiheit beneidet, muß sich ja nach allem Möglichen richten: Den Kunden, den Banken, den Behörden, den Lieferanten, den Mitarbeitern ....und, und, und!

Ruhestand ist auch kein Leben im Wartestand. Die Großmutter einer Freundin hatte sich noch mit 60 Jahren schwarze Kleider angezogen und verabschiedete sich damit aus der aktiven Gesellschaft. Fortan war sie die nächsten 30 Jahre im wesentlichen daheim und begann im Warten auf ihr eigenes Ende nichts Neues mehr. Das war in jener Zeit gar nicht so ungewöhnlich. Einen Ausbruchsversuch aus diesem Schemadenken schilderte Bert Brecht in seiner Novelle: „Die unwürdige Greisin". Eine 70-Jährige, die ihre Umwelt in ihrem kleinen Dorf damit schockt, daß sie beginnt, einmal in der Woche in das Kino der nahegelegenen Kleinstadt zu fahren. Der Titel allein sagt, wie ihre Nachbarn und Verwandten darüber dachten.

Schauen Sie heute eine 70- oder auch 80-jährige Frau an: Viele von Ihnen spazieren selbstverständlich modisch chic gekleidet durch unsere Fußgängerzonen, bevor sie dann zum Tennis oder Golf fahren. Neulich erzählte mir ein Chirurg von einem 78-jährigen Patienten, der wegen einer Schulterverletzung bei ihm war. Der Patient klagte, daß er mit dieser Verletzung beim Tennis keinen ordentlichen Aufschlag mehr ausführen könne. Natürlich wurde er operiert und spielt jetzt wieder ohne Behinderung. Vor 20 Jahren hätte man vielleicht noch gesagt: „... na, in Ihrem Alter?"

In Ehen haben sich nicht selten inzwischen die Partner neu zueinander hin orientiert. Kinder sind ja nicht nur etwas Wunderschönes – oh ja, das sind sie auch! Aber zuweilen bietet der Alltag der Erziehung auch immer wieder Anlässe zu Familiengewittern („Warum muß ich mir immer den Mund fusselig reden – Du könntest Dich auch mal um die Erziehung der Kinder kümmern ...!") Solche Anlässe gibt es jetzt nicht mehr! Die Kinder sind versorgt und gehen ihren eigenen Weg. Und wer dennoch ein Hotel Mama für die lieben inzwischen gar nicht mehr so Kleinen betreibt, für den wird es höchste Zeit, diese jetzt mit Nachdruck auf die eigenen Füße zu setzen.

Sie sind mit 60 oder auch mit 65 Jahren in einem Alter, in dem die meisten Menschen noch sehr leistungsfähig sind. Nicht jeder ist ein Supersportler (auch die gibt es!), aber zumeist funktionieren Körper und Hirn ja noch ganz gut. Bereits vor 10 Jahren haben Berliner Forscher herausgefunden, daß

rund 80% aller 65-Jährigen in ihren Alltagsaktivitäten kaum eingeschränkt

sind. Gewiß gibt es hier Unterschiede, der Schreibtischtäter war anders belastet als der Maurer. Aber auch da muß der Verschleiß nicht endgültig sein: „Viele erholen sich vom Streß, dann geht's wieder" erzählte mir Oswald Schafbauer. Oswald war nach 48 Jahren harter körperlicher Arbeit als Maurer in den Ruhestand gegangen. Damals führten gesundheitliche Gründe zum vorzeitigen Abschied; jetzt geht es ihm wieder deutlich besser, er betreibt Sport und ist auch sonst mit seinen 70 Jahren aktiv.

Die Mortalitätsquote der Männer hatte ihren Höhepunkt zwischen dem Alter von 55 bis 65 Jahren: Dahinter steckt auch die besondere Belastung im Beruf, die oft das notwendige Gleichgewicht zwischen Anspannung und Ausgleich verhindert.

Materiell sind die meisten ordentlich – und verläßlich! – abgesichert. Die Altersarmut bleibt eine Ausnahme, so beschrieb kürzlich eine Fachzeitschrift das Ergebnis einer Ermittlung des Statistischen Bundesamtes aus dem Jahr 2007:

Nur 1,1 % der Rentenempfänger sind auf Hartz IV angewiesen.

Lassen Sie sich nichts von einem angeblich bevorstehenden Kollaps der gesetzlichen Rentenversicherung erzählen: Für die nächsten 10 bis 20 Jahre ist das System inzwischen stabil eingerichtet, und die demographischen Veränderungen vollziehen sich immer in kleinen Schritten, vorausgesetzt, die Politik macht nicht allzu viel Unsinn.
Daß mittelfristig dieses System dazu führen muß, daß die Beiträge steigen werden und andererseits die Renten eher stagnieren oder auch geringfügig zurückgehen könnten, auch darauf kann und muß man sich einstellen. Aber es ist ja auch ganz schön, wenn man sein Einkommen als relativ stabil und unabhängig von den Ausschlägen der Wirtschaft sehen kann. Und die heutigen Erben (jedes Jahr werden bei uns in Deutschland über 200 Milliarden Euro vererbt!) sind mittlerweile 61 Jahre alt. Übrigens: 200 Milliarden, das ist fast die Hälfte des jährlichen deutschen Einzelhandelsumsatzes.

Jedenfalls ist diese Generation, die jetzt in den Ruhestand tritt, ganz schön optimistisch. So optimistisch, daß mehr als die Hälfte von ihnen gern 85 Jahre oder älter werden möchte. Angela und Karlheinz Steinmüller schreiben in ihrem Buch „Visionen 1900-2000-2010“ über die Generation 50+, zuweilen auch „Goldies“ oder – wegen ihrer Haarfarbe – auch „Generation Silber“ genannt: „Sie wollen von ihrem Geld noch etwas haben und investieren deshalb kräftig in ihren Körper, stürzen sich bisweilen in die aberwitzigsten Abenteuer und überqueren auf den Spuren tibetischer Mönche Himalaya und Transhimalaya.“ Die Engländer nennen diese Altersgruppe Woopies (well-off older people).

Also: keine schlechten Aussichten! Ja, und das Ganze läßt sich dann durch die Erkenntnis abrunden, daß die Jahre begrenzt sind, die uns die Fülle des Lebens genießen lassen, Zu wissen, daß diese Lebensphase nicht unendlich lange dauert, das steigert noch den Wert dieser Jahre. Diese Erkenntnis legt uns nahe, ja keinen Tag nutzlos zu verschenken, jedenfalls nicht in Trübsal. Nehmen wir uns lieber ein Beispiel an dem Vogel auf dem Leim, den Wilhelm Busch angesichts eines auf dem Baum immer näher kommenden Katers sagen läßt:

”

Drum will ich keine Zeit verlieren,
will noch ein wenig quinquilieren
und lustig pfeifen wie zuvor!

”

Der Vogel – scheint mir – hat Humor!

sagt Wilhelm Busch. Er hat recht!

Ruhestand = Passivität ?

Luitgard Jany

MYTHOS 1: RUHESTAND = PASSIVITÄT

Der Mythos, mit zunehmendem Alter beginne die Passivität spiegelt markant negative gesellschaftliche Erwartungshaltungen wieder. Leider werden in unserer Gesellschaft Alter und Ruhestand bislang häufig, fast automatisch, nahezu kollektiv unbewußt mit Passivität verknüpft. Zum einen liegt das sicherlich an den negativen Aspekten, die generell mit Alter assoziiert werden. Gesundheitsprobleme, Verlusterlebnisse, Schwäche, Einschränkung der Mobilität und anderes mehr. Alter gilt als negative Abweichung von der Jugend. Das Neue, Besondere, Bereichernde des Älterwerdens wird nicht gesehen.

Wie wir aus der psychologischen Forschung wissen, ist das Fatale an negativen Erwartungshaltungen, die von außen an uns herangetragen werden, daß wir dazu neigen, diese – hören wir sie nur oft genug – selbst zu übernehmen. Wenn die öffentliche Meinung den älteren Menschen, der nun nichts mehr im Beruf zu tun hat, als hilflos, schwach und passiv ansieht, verhalten sich nicht wenige dieser Gruppe eben genauso, wie es von ihnen erwartet wird.

Wie ist das möglich, werden Sie sich fragen. Der hinter diesem Prozeß liegende seelische Mechanismus ist in dem Konzept der „sich selbst erfüllenden Prophezeihung" vielfach untersucht und beschrieben worden.

Eine sich selbst erfüllende Prophezeihung (engl.: selffulfilling prophecy) – was ist das?

Zahlreiche Untersuchungen zeigten, daß Prophezeihungen, also das, was wir erwarten, dazu neigen, wahr zu werden. Egal, ob es sich um eigene oder von außen an uns herangetragenen Erwartungen handelt – das Prinzip ist das gleiche. Am Beispiel einer Aufsehen erregenden Studie des Psychologen R. Rosenthal möchte ich Ihnen die Tragweite dieses seelischen Phänomens näher bringen.

Schüler einer Eingangsklasse bearbeiteten einen Intelligenztest. Anschließend wählte man nach dem Zufallsprinzip 20% der Schüler aus und stellte sie ihren Lehrkräften als „viel versprechende Talente" vor. Eine Wiederholung des Intelligenztestes nach einem Jahr ergab, daß die angeblich besonders viel versprechenden Talente tatsächlich über dem Klassendurchschnitt lagen. Die Psychologen folgerten deshalb: Die positive Lehrererwartung bewirkte eine Leistungssteigerung dieser Schüler.

Doch wie funktioniert das?
In diesem Beispiel bildeten die Lehrer sich auf Grund der Vorinformation („Viel versprechende Talente") eine positive Erwartung, die sich dann in ihrem gesamten Verhalten diesen Schülern gegenüber äußerte. Sie hörten diesen Kindern besser zu, lobten sie häufiger, zeigten Interesse und ermutigten sie. Auch im nicht sprachlichen Verhalten, also durch Blicke, Mimik und Gestik wurde diesen Schülern signalisiert, daß ihnen intellektuell viel zugetraut wird.

Das ist ja wunderbar, werden sie nun ausrufen. Stimmt! Doch leider funktioniert die sich selbst erfüllende Prophezeihung auch im negativen Bereich. Übertragen wir diese Studie auf unsere Situation. Viele Menschen bilden sich auf Grundlage von Vorinformationen durch Medien, aber auch durch eigene Beobachtungen die

Erwartungshaltung:
Ältere Menschen sind passiv und schwach.

In ihrem gesamten Verhalten werden sie nun diese Erwartungshaltung – häufig auch unbewußt – bei Begegnungen und Interaktionen mit alten Menschen ausdrücken. Die alten Menschen wiederum werden dann entsprechend dieser negativen Botschaft dazu tendieren, sich passiv und schwach zu verhalten und sich auch so zu fühlen.

Eine Verhaltensanpassung als Reaktion auf allgemeine gesellschaftliche Vorurteile und negative Erwartungshaltungen – wie hier beschrieben – wird in der psychologischen Fachsprache als „Andorra-Effekt" bezeichnet. (Der Name des Effekts geht auf das Theaterstück „Andorra" von Max Frisch zurück). Andi, die Hauptperson des Stückes, entwickelt durch ständige Konfrontation mit negativen Vorurteilen seitens seiner Mitmenschen schließlich diese ihm unterstellten negativen Eigenschaften.

Können wir etwas dagegen tun?, werden sie sich jetzt vielleicht etwas ratlos fragen. Ja, wir können! Oder, auf neudeutsch, „Yes, we can!" Durch unser eigenes Denken und Verhalten können wir diese gesellschaftlichen negativen Erwartungshaltungen, diesen Teufelskreis ändern. Ruhestand ist nicht das Gegenteil von Aktivität. Ruhestand heißt in diesem Sinne: Selbst entscheiden, selbst die Initiative ergreifen können.

Ältere und alte Menschen, die diese Freiheit leben, weigern sich – sehr aktiv – ihr Leben von außen bestimmen zu lassen. Sie sind alles andere als passiv. Sie sitzen nicht herum und jammern über die veränderte Lebenssituation. Sie versuchen, die Gründe zu verstehen, wenn etwas in ihrem Leben nicht so läuft, wie sie es sich wünschen. Sie versuchen, Lösungen zu finden, und zwar Lösungen, die durchaus auch jenseits der gängigen Klischees liegen.

Im Ruhestand können sie ihre Freizeit gestalten wie sie es möchten, sie können sich um andere Menschen und Aufgaben kümmern, die ihnen wichtig sind. Sie können sich einmischen und mitgestalten. ■

”

Nichts macht schneller alt
als der immer vorschwebende Gedanke,
daß man älter wird.

”

Georg Christoph Lichtenberg

DER ÜBERGANG KOMMT NICHT PLÖTZLICH

Wozu eine Wanderung gut ist • Gründen Sie Ihre eigene Ich-AG • Auch auf das Unangenehme gefaßt sein • Auf Veränderungen kann man sich vorbereiten

Tatsächlich will der Rückzug aus dem Berufsalltag ebenso sorgfältig geplant sein wie eine geschäftliche Investition, ein Berufswechsel oder zumindest wie eine große Urlaubsreise. Je mehr ich mich mit der Idee dieses Buchs befaßt habe, umso mehr bin ich mir bewußt geworden: Wer erst am Tage X mit den Überlegungen beginnt, was er danach machen soll, der bringt sich selbst in Streß. Wie der Schüler, der morgens ohne die Schulaufgabe zum Unterricht erscheint!

Was macht ein junger Kaufmann, der sich selbständig machen will? Er entwirft einen Business-Plan. Einen Plan, in dem er das Konzept seines neuen Unternehmens skizziert, in den er seine Ziele und Erwartungen ebenso hineinschreibt wie die Aktivitäten, die er zur Erreichung seines Zieles entwickeln will. Was liegt näher, als sich auch für dieses Projekt einen Plan zu machen? Was kann ich besonders gut? Wo liegen meine Stärken, wo meine Schwächen? Was mache ich gern, was weniger gern?

Wie so oft, war es bei mir die bessere Hälfte, die mich einfach mit ihrer Frage „Was willst Du eigentlich machen, wenn Du in Ruhestand gegangen bist?“ allmählich dazu bewog, mich mit diesem Thema näher anzufreunden. Ärgerlich hatte ich diese Frage zuvor stets weggewischt wie eine lästige Fliege. Und dann ergab sich mitten in der Natur die Ruhe, die manchmal zum Nachdenken ganz sinnvoll und notwendig ist. Wenn das Hirn richtig leer wird, wenn man weder durch Fernsehen noch durch Telefon, Internet und andere Ablenkungen unseres Alltagslebens zugedröhnt wird.

Es war auf einem Wanderurlaub in der Türkei. Wir wanderten auf einem einsamen, alten Wanderweg in herrlicher Landschaft mit fantastischen Aussichten aufs Meer, wo ich mir das erste Mal Gedanken über das Thema Ruhestand machte. Oft trafen wir den ganzen Tag keine Menschenseele und in den einfachen Pensionen, in Bauernhöfen, gab es wenig „Entertainment“, wie wir es in Europa zumeist gewohnt sind, nicht einmal einen Fernseher.

Damals – ich war gerade 64 geworden – dämmerte es mir so ganz allmählich: Du mußt Dich doch endlich einmal damit befassen, wie Du nach dem Ruhestand Dein Leben gestalten willst.

Ich habe mir eine kleine Tabelle angefertigt, die auch ihnen als Anregung nützlich sein könnte.

Als erstes habe ich mich gefragt:
Was machst Du eigentlich im Augenblick so alles?

Diese einzelnen Tätigkeiten habe ich aufgelistet und das Ergebnis las sich dann etwa so:

•••

Art der Tätigkeit
Beruf

Und daneben als freiwillige Tätigkeiten
berufsnahe Tätigkeiten:
Seminare halten
Prüfungen bei der IHK abhalten
Fachbücher schreiben

Ehrenämter
Verein A
Verein B
Gesellschaft C

Hobbys
Musik
Laufen
Lesen
Theater, Oper, Konzert
Familie, Kinder, Enkelkinder
Haus und Garten

•••

Um ehrlich zu sein: Ich war selbst erstaunt, wie viele solcher Tätigkeiten bei mir zusammenkamen.

Dann habe ich mir die Frage gestellt:
Welche Rolle sollen diese verschiedenen Tätigkeiten in Zukunft in deinem Leben spielen, dann, wenn der eigentliche Beruf weggefallen ist?

Meine Tabelle sah dann ungefähr so aus.

Art der Tätigkeit	***Geplante Bedeutung nach dem Tag X***			
	Keine	*weniger*	*gleich viel*	*mehr*
Beruf	*x*			
Berufsnahe Tätigkeiten				
Seminare halten			*x*	
Prüfungen IHK			*x*	
Fachbücher schreiben				*x*
Ehrenämter				
Verein A			*x*	
Verein B				*x*
Gesellschaft C				*x*
Hobbys				
Musik				*x*
Laufen			*x*	
Lesen				*x*
Theater, Oper, Konzert				*x*
Familie, Kinder, Enkel				*x*
Haus und Garten				*x*

Das Schreiben macht mir Freude, deshalb wollte ich eine Fachbuchreihe erweitern. Bei den Vereinen wollte ich meine Aktivitäten umschichten; dort, wo mein Beruf es bislang nicht zugelassen hatte, wollte ich meinen Ruf als Karteileiche endlich einmal aufbessern.

Lange schon hatte ich mir vorgenommen, intensiver Musik zu machen. Ich spiele verschiedene Instrumente, aber nur recht stümperhaft. Obendrein wollte ich auch öfters einmal in Oper, Theater und Konzert gehen. Da ich gern lese, hoffte ich, auch dies zu intensivieren. Und meine Kinder und Enkelkinder wollten wir beide ebenso gern etwas häufiger sehen. Wenn man so will, ein recht ehrgeiziges Programm!

Ich könnte noch hinzufügen: Das Fernsehen habe ich bereits vor Jahren aus meinem Leben gestrichen und es noch nie bereut. Zwar weiß ich nun weder, wer gerade in irgendeinem Käfig Maden frißt, noch kenne ich die Schauspieler aus der letzten soap opera. Dies macht mich bei manchen Stammtischgesprächen gelegentlich zwar zum Außenseiter, aber damit kann ich leben. Wenn ich dann doch einmal unterwegs in einem Hotel den Fernseher anmache, merke ich, daß ich nichts versäumt habe!

So war denn sehr schnell meine Furcht weggeblasen, nach dem Tage X könnte wohl mein Leben in eine riesengroße Leere ausarten! Zumal dann ja auch noch meine eigenen guten Vorsätze über verstärktes Engagement in Haus und Garten schon lange auf ihre Realisierung warteten. Zur ungläubigen Freude meiner besseren Hälfte...

Bei Ihnen wird eine solche Tabelle sicherlich ganz anders aussehen. Einen Vorteil hat eine solche Aufstellung: sie zwingt einen dazu, einmal systematisch die Zukunft zu ordnen und frühzeitig den eigenen Wünschen für die Zukunft Raum zu geben. Sicher hat Bert Brecht nicht ganz unrecht, wenn er seinen Bettlerkönig Peecham in der Dreigroschenoper singen läßt:

Ja, mach nur einen Plan
und sei ein großes Licht
und mach noch einen Plan
und stimmen
tun sie beide nicht.

Aber selbst, wenn kein Plan hinterher voll erfüllt wird, passiert auf diese Weise eines nicht: Daß Sie am Tage X. mit einer Situation konfrontiert sind, von der Sie nicht wissen, wie Sie mit ihr umgehen sollen.

Dazu kam dann auch die Frage:
Gibt es Dinge, die Du bisher nicht machen konntest, die Du aber vielleicht in Zukunft in die Hand nehmen willst?

Lange schon hatte ich z.B. mit der Idee geliebäugelt, doch noch eines Tages zu promovieren. Dazu hatte der Beruf keine Zeit gelassen – aber mit einigen Gebieten habe ich mich so intensiv befaßt, daß ich mir hier eine Promotion durchaus vorstellen könnte. Um es vorweg zu nehmen: Bis jetzt habe ich dies zurückgestellt. Bisher habe ich so viele spannende Aufgaben gefunden, alle irgendwie mit vielen menschlichen Kontakten verbunden, daß ich dies nicht gegen die Studierstube tauschen möchte. Für jemanden, der lieber in aller Ruhe ohne die Aufgeregtheit anderer Leute forschen möchte, kann die Entscheidung ganz anders aussehen.

Mein Freund Josef Bieger hatte sich vor der Pensionierung schon lange vorgenommen: Wenn ich mal nicht mehr arbeite, dann mache ich nur noch Fernreisen. Ich kann gar nicht genug von der Welt sehen! Weg aus unserem Kleinstadtmief! Dann beginnt das Leben! Zwei Monate danach traf ich ihn wieder. „Ach ja“, sagte er mit einer gewissen Verlegenheit, „ich mußte hier noch dringend etwas erledigen, aber bald, bald gehe ich wieder auf Tour!“ Beim zweiten Zusammentreffen war die Verlegenheit dann schon geschwunden. Seitdem treffe ich ihn regelmäßig wieder in unserer Stadt – und er sieht recht glücklich aus!

Ähnlich ist das mit den großen Hobbys, von denen man Jahrzehnte hindurch träumt. „Aber dann“, so lautet dieser Traum, „dann, wenn ich Zeit habe, dann beschäftige ich mich nur noch mit meiner Miniatureisenbahn im Keller. 500 Kartons mit Waggons und Loks warten darauf, aus ihrem Dämmerschlaf ins Leben erweckt zu werden...“

Sie schlafen immer noch! Wenn man an solche Hobbys denkt, sollte man sich zuvor nur ganz ehrlich fragen: Warum habe ich dies denn bisher nicht gemacht? Warum habe ich bisher nicht Klavier gespielt oder im örtlichen Gesangsverein bislang keinen Posten im Vorstand wahrgenommen? Hand auf Herz: Der Satz: „Ich hatte keine Zeit“ geht uns allzu leicht von den Lippen. Es klingt ja auch gut und beeindruckt durchaus unsere Freunde: „Was ist das für ein wichtiger und fleißiger Mensch, der gehetzt durch die Gegend läuft ...“

Tatsächlich verbirgt sich dahinter nicht selten mangelnde Lust und mangelndes Interesse an einer Sache. Und wenn der Mensch dann mehr Zeit hat ... dann finden sich neue Ausreden!

Das Vorbereiten auf diesen Tag (Sie merken, daß ich mich auch um den Begriff herummogele!) umfaßt natürlich noch viel mehr. In der Betriebswirtschaft bezeichnet man Planung als die „gedankliche Vorwegnahme künftigen Geschehens". Ich verspreche Ihnen, daß ich im weiteren Buch auf solche gestelzten Begriffe verzichten werde! Gedanklich vorwegnehmen aber bedeutet, auch das eine oder andere Unangenehme als normal, also ganz natürlich hinzunehmen. Wenn Sie jedoch den Sprung schon hinter sich haben, dann kann Ihnen das Buch helfen, manches besser zu verstehen, was um Sie herum passiert. Und Chancen zu nutzen, dafür ist es letztlich selten zu spät.

Ein anderer Bekannter von mir hat seit einigen Jahren begonnen, ganz für sich eine Mappe „Zukunft" anzulegen. Alles Interessante, was er hierzu findet, verschwindet einfach in dieser Mappe, und an dem einen oder anderen düsteren Winterabend kramt er sie hervor, ordnet die Unterlagen, wirft vieles weg und ergänzt dann anderes, Reiseangebote, Informationen über interessante Tätigkeiten oder Hobbys und vieles mehr.

Da wir beim Vorbereiten auf diesen Wechsel sind:

Gründen Sie also jetzt – sofort –
Ihre ganz private Ich-AG.

Die AG, deren Geschäftszweck ist, Ihnen einen erfüllten dritten Lebensabschnitt zu verschaffen. Was gibt es in Ihrem Leben wichtigeres als Sie? Und weil das so ist, lohnt es sich auch, mit kühlem Verstand einmal diese Phase des Lebens zu planen! Wohlwissend, daß sie zeitlich begrenzt ist und irgendwann die eigenen Spielräume geringer werden. Aber: Heute ist heute, und noch steht das Leben vor Ihnen. Und deshalb fühlen Sie sich ab sofort als Vorstandsvorsitzender Ihrer AG!

Sprache ist doch verräterisch. Als Kinder fragen wir: „Was willst Du denn werden?" Wer fragt den Pensionär: „Was willst Du jetzt werden, wohin möchtest Du Dich selbst entwickeln?" Also, wenn Sie keiner fragt, dann müssen Sie sich wohl selbst fragen!

Haben wir nicht alle irgendwo Defizite in unserem Leben? Haben sich nicht gerade dadurch, daß wir bestimmte berufliche Schwerpunkte pflegten, an anderer Stelle unserer Persönlichkeit Leerräume gebildet, die nun danach rufen, ausgefüllt zu werden?

Der Hamburger „Freizeitpapst" Prof. Dr. Horst W. Opaschowski fragte 2007 Berufstätige, wie sie sich auf den Ruhestand vorbereiteten.
Und das waren die meistgenannten Antworten:

52 % wollten aktiv werden
62 % wollten den Freundeskreis pflegen
50 % wollten sich rechtzeitig Hobbys zulegen
55 % wollten Sport treiben
36 % wollten sich nebenberuflich
oder in einem Ehrenamt engagieren.

Mit vielen dieser Wege wollen wir uns hier beschäftigen.

Dann gibt es noch die Träume, im Ruhestand einmal etwas ganz anderes zu machen als bisher. Ein Kollege von mir hatte den Wunsch, sich mit seiner Frau mit 50 Jahren aus dem Berufsleben zu verabschieden und dann ganz nach Spanien zu ziehen. Ein ganz neues Leben anfangen. In Australien Schafe züchten statt in Deutschland Kinder zu erziehen, faul am Strand des Mittelmeers zu liegen, statt Bilanzen aufzustellen, Träume, Träume, Träume...

Es ist gut, daß viele dieser Träume schon vor der Realisierungsphase platzen oder schlicht vergessen werden. Besagter Kollege arbeitete bis 60 und fühlt sich sehr wohl in seinem oberfränkischen Dörfchen. Und es gibt Geschichten von anderen, die mit ihrem Traum vom Leben im ewigen sonnigen Süden alles andere als glücklich geworden sind – die Rückkehr aber ist dann noch schwieriger. Nur wenige sind stabil genug für eine totale Umkehr ihres Lebens.

Ich gebe es gern zu – ich bin es nicht, dafür habe ich einfach zu viel Freude an vielen Umständen meines jetzigen Lebens. Mir reicht eine Entlastung von beruflichen Zwängen und die Möglichkeit, statt der Erforschung fremder Galaxien kleine neue Trampelpfade zu erkunden!

Luitgard Jany

AUF VERÄNDERUNGEN KANN MAN SICH VORBEREITEN

Wir alle kennen das: ein plötzlicher, noch nicht erwarteter Abschied, eine plötzliche, nicht erwartete Veränderung verstört und verunsichert uns zutiefst. Bildlich gesprochen irrt unsere Seele umher. Wir können noch nicht begreifen, was geschehen ist. Wir fühlen uns „aus der Bahn geworfen". Diesen instabilen Zustand erleben auch manche frischgebackenen Ruheständler. Ist der Ruhestandseintritt nicht freiwillig erfolgt, handelt es sich also um ein vorgezogenes, jetzt noch nicht erwartetes Ende des Erwerbslebens, ist diese Verunsicherung mehr als verständlich. Verständlich, weil wir und unsere Familie nicht genügend Zeit hatten, uns seelisch und praktisch darauf einzustellen. Diesen Umstand belegen auch verschiedene Untersuchungen, die zeigen, daß Unfreiwilligkeit und/ oder die Plötzlichkeit des Berufsendes einen guten Start in den Ruhestand erschweren, ja unmöglich machen können.

Auch Menschen, die schon viele Jahre das genaue Datum ihres Berufsaustritts kennen, können das Gefühl haben, plötzlich, ja nahezu überfallartig, in den

Ruhestand katapultiert worden zu sein. Auch wenn das drohende Ereignis immer näher rückt, vermeiden sie beharrlich weiterhin jede ernsthafte Auseinandersetzung mit dem Thema Berufsende. Sie wollen ja nicht gehen. Die soziale Umwelt vernimmt das Signal und vermeidet das Gefürchtete häufig eifrig mit. Zu dumm! Denn gerade diese Vermeidungshaltung ist Gift für eine geglückte Abnabelung.

Was kann ich tun?
Wie kann ich mich auf meinen Ruhestand vorbereiten?

Einige Forschungsergebnisse hierzu auf den Punkt gebracht.

1.
Seien Sie innerlich bereit!

Die gedankliche und gefühlsmäßige Beschäftigung mit dem zukünftigen Ruhestand ist eine Voraussetzung für die geglückte Verarbeitung des neuen Lebensabschnittes. Und – hier schließt sich der Kreis – wenn es Ihnen gelingt, Ihrem Ruhestand mit einer positiven Erwartungshaltung entgegen zu gehen, ist die Wahrscheinlichkeit hoch, daß diese positiven Erwartungen sich erfüllen werden.

2.
Vernetzen Sie sich privat!

Stabile, verläßliche private Beziehungen und Freundschaften, die schon während der Berufstätigkeit entwickelt und verfestigt werden, helfen beim Übergang in die Ruhestandsphase.

3.
Seien Sie weiblich!

Zugegebenermaßen gelingt das nicht jedem. Aber: Frauen gelingt der Start in den Ruhestand besser als ihren männlichen Kollegen. Ob das an der dichteren sozialen Vernetzung der Frauen, der höheren Rollenflexibilität (Mutter, Hausfrau, Beruf), dem damit einhergehenden geringeren Stellenwert von Beruf und Dominanzstreben liegt?

4.
Halten Sie sich fit!

Je gesünder Sie in den Ruhestand eintreten, desto intensiver werden Sie Ihre neuen Freiheiten genießen können. ■

Ruhestand = Selbstwertkrise?

KLAVINIUS

IHR BÖRSENWERT IM UNTERNEHMEN SINKT

Irgendwann beginnt es • Ausscheiden im Bruch • Plötzlich steht man nicht mehr auf der Liste • Sie spielen jetzt in einer anderen Liga • Einmal ist immer das letzte Mal • Mythos Nr. 2: Ruhestand ist Selbstwertkrise

Ein strahlender Frühsommertag geht allmählich zu Ende. Ich warte auf meinen ICE auf dem Berliner Hauptbahnhof. Eine der zahllosen Tagungen liegt hinter mir, wie sie zu meinem Berufsalltag gehören. Es war eine spannende Tagung, von der man viele Anregungen für neue Projekte mit nach Hause nehmen kann. Wie üblich, einiges mitgeschrieben, dazu eine Menge von Web-Seiten, auf denen man nähere Informationen findet. Es hat sich gelohnt, denke ich. Plötzlich wird mir bewußt, daß das eigentlich für mich gar nicht mehr gilt. In genau 10 Tagen wird mein Abschied aus dem Beruf sein und dann ist all das gar nicht mehr so wichtig, was eben noch Mittelpunkt, der Mittelpunkt eines Lebens zu sein schien. Zum Glück nicht mehr so wichtig – und doch stimmt es bei mir nicht ganz, da ich für eine berufnahe Nebenbeschäftigungen doch noch das eine oder andere von dem Gehörten brauchen werde. Beim Frühstück im Hotel haben sich schon zwei Kollegen von mir mit feierlicher Miene verabschiedet: „So, Peter, da wir uns ja nicht mehr so sehen werden, möchte ich mich besonders von Dir verabschieden“. Das will ich doch gar nicht! Noch nicht!

Neulich am Frühstückstisch mit meinem Freund und Kollegen Wilm fiel mir eine Metapher ein, die er auch gut fand: Abschied aus dem Berufsleben ist wie Zahn ziehen. Es tut weh. In dem Augenblick, in dem der Zahnarzt die Zange in der Hand hat, möchte man eigentlich am liebsten sagen: „Warten Sie, jetzt noch nicht" - aber irgendwann muß es sein, und das ist auch gut so. Am besten dann, wenn man noch die Kraft hat, bewußt eine neue Tür aufzustoßen. Ich wundere mich selbst ein bißchen darüber, daß mich innerlich diese Verabschiedungen wenig berühren, ja eher ein wenig amüsieren, so als ginge es gar nicht um meinen eigenen Abschied.

In meiner Generation, also derjenigen, die Mitte der vierziger Jahre (jetzt sagt man: des letzten Jahrhunderts) geboren sind, ist mein eigener Lebenslauf eigentlich nicht so ganz ungewöhnlich. 37 Jahre im Beruf beim gleichen Unternehmen! Unsere Kinder und Enkel können sich so etwas überhaupt nicht vorstellen. Und derjenige, der heute bei einer Firma beginnt, geht davon aus, daß er wohl noch etliche andere Arbeitgeber haben wird. So ein langer, ungebrochener Lebenslauf macht die Trennung besonders schwer. Bei einer so langen Betriebszugehörigkeit ist es denn auch selbstverständlich, daß man sich selbst absolut mit der beruflichen Aufgabe identifizierte – und auch von anderen mit dieser Aufgabe identifiziert wird. Bei einer Führungskraft mag sich da schon das „L'état – c'est moi!“ einschleichen, wie es der französische absolute Herrscher Ludwig XIV. sagte -- die Firma bin ich! Der Verlust an Macht kann in einem solchen Falle schon zu einem Problem werden.

Ich kannte einmal eine Führungskraft in der öffentlichen Verwaltung, die berühmt war für ihre absoluten autoritären Entscheidungen. Nichts ging gegen ihn oder ohne sein Plazet, überall war nur er gefragt. Als dann die Stunde des Abschieds gekommen war, da brach für ihn eine Welt zusammen.

Natürlich reagierte in einem solchen Fall auch das Umfeld entsprechend brutal. Absolute Herrscher, die früher vom Thron gestoßen wurden, haben dies selten überlebt. Sogar bei Päpsten soll es so zugegangen sein. In manchen Ländern wird diese Methode heute noch praktiziert. Bei uns sieht diese Brutalität heute anders aus: man zeigt dem König ohne Macht jetzt ganz einfach, daß er keine Rolle mehr spielt. Die oben geschilderte Führungspersönlichkeit wußte gar keinen Ausweg mehr als den, sich im Wald an einen Baum zu hängen.

Aber wir reden ja selten über große oder kleine Könige sondern meistens über den einfachen Durchschnittsbürger.

Auch dort kann das Motto heißen: Figaro, Figaro, Figaro... Sie kennen die berühmte Arie aus dem Barbier von Sevilla. So ähnlich ging es mir oft im Beruf: „Jedermann fragt nach mir, bin ich bald dort mal hier ... “ Im Zeitalter einer permanenten Personalknappheit in Unternehmen, Schulen und Verwaltung geht es so ähnlich bei sehr vielen Menschen zu. Überall wird man gebraucht und viele, seien es nun Vorgesetzte, Kollegen oder Mitarbeiter kommen mit Wünschen, Forderungen, Beschwerden oder Fragen, so daß man sich manchmal den Seufzer des Figaro zu eigen machen möchte: „alles auf einmal, ich kann nicht mehr!“

Und dann kommt der erste Augenblick, wo es damit vorbei ist! So kann der Ausstieg aus dem Berufsleben durchaus auch kränkend wirken.

Am Ende einer Sitzung werden die Kalender gezückt: wann kommen wir wieder zusammen? Im September des nächsten Jahres? Ein leichter Stich: „Im September, da bin ich ja gar nicht mehr in der Firma.“ Zaghafte Bemerkung: „Ich brauche mir den Tag gar nicht mehr zu notieren“. Sie wird entweder direkt überhört oder aber allenfalls mit der Bemerkung quittiert: „Wer kommt dann für Sie?“ Keiner ruft: "Wie soll das ohne Sie gehen?" Mehr und mehr gehen Verabredungen an einem vorbei, Arbeitsgruppen, in denen man zuvor unersetzlich war, werden ohne einen gebildet. Briefe und Faxe kommen, die gar nicht mehr an mich gerichtet sind sondern an einen Nachfolger. Wie kann denn das sein? Ich bin doch im Haus derjenige, der über dieses Gebiet am meisten weiß! Man übergeht mich....! Du hast vielleicht Deinen Nachfolger selbst mit auswählen können und findest ihn auch gut. Und trotzdem packt dich ein Unbehagen.

Als ich etwa ein Jahr vor meinem Berufsende im einen oder anderen Gremium ankündigte, daß ich altersbedingt bald ausscheiden würde, da spürte ich zunächst Betroffenheit: „Was, Sie wollen schon ausscheiden? Also, so zwei bis drei Jahre könnten Sie doch noch getrost dran hängen!“

Ach, wie tat das gut! Glücklicherweise habe ich der Versuchung widerstanden, auf diese freundlichen Worte hin meine Planung über den Haufen zu werfen. Denn Aufgeschoben ist eben nicht Aufgehoben! Ich würde dann eben nur ein paar Jahre später vor der gleichen Situation stehen. Oder, noch schlimmer, alle Welt hätte hinter vorgehaltener Hand gefragt: „Ja, was macht der denn noch hier?“ In meinem Vertrag stand ohnehin ein Dienstende mit 65 Jahren. Dadurch, daß ich mich um keine Verlängerung bemüht habe, blieb mir das Gefühl, selbst die Entscheidung getroffen zu haben.

Nicht selten aber sind die Begleiterscheinungen der letzten Dienstzeit unerfreulicher. Mein Freund Josef war Filialleiter in einem größeren Unternehmen, das in regelmäßigen Abständen Hausprospekte mit den Bildern aller Mitarbeiter herausgab. Die Kunden sahen damit also, daß hinter dem Unternehmen Menschen stehen. Dies schafft Vertrauen und Bindung. Ein gutes halbes Jahr vor seinem Ausscheiden kam wieder ein neuer Prospekt heraus. Gut gemacht, flott geschrieben. Lauter für Josef bekannte Gesichter. Nur – sein Foto fehlte, obwohl er ja noch voll im Geschäft war. Die Frage beim nächsten Treffen: "Wie kommt es, daß mein Foto fehlt?“ Die ebenso lapidare wie kühle Antwort des Chefs: „Sie sind ja sowieso in einem halben Jahr nicht mehr da!“ Peng!

Gerade bei körperlicher Arbeit läßt sich nicht leugnen, daß die Kraft mit der Zeit abnimmt. Da entsteht dann schon eine Müdigkeit – vor allem gegenüber dem von außen diktierten Tempo, das oftmals auch gar nicht zurückgefahren werden kann. Da wird es umso wichtiger, den richtigen Zeitpunkt zu finden.

Noch ärgerlicher erlebte Wilhelm Brems das Jahr vor seinem Ausstieg aus dem Beruf. Wilhelm war EDV-Leiter der Niederlassung eines Konzerns. Vielbegehrter Helfer bei allen Problemen und ideenreicher Problemlöser. In regelmäßigen Abständen besuchte er die Zentrale zur Abstimmung in gemeinsamen Sitzungen. Plötzlich begann die Personalabteilung, an seinen Reisekostenabrechnungen herumzumäkeln; die eine oder andere Reise sei doch gar nicht erforderlich gewesen, und überhaupt brauche man bei seinem Job gar nicht zu reisen. Entnervt verabschiedete er sich nach vielen kleinen Nadelstichen dieser Art.

Das sind die kleinen Erlebnisse, die einem frühzeitig sagen: Deine Zeit in diesem Lebensabschnitt geht zu Ende. Eigentlich kein Wunder, eigentlich ganz normal, daß Vorgesetzte und Kollegen sich so verhalten. Sie wissen ja, daß Du in dem Orchester bald nicht mehr mitspielst. Jetzt wird es höchste Zeit, daß man sich bewußt wird: Das kann, ja, das darf ja gar nicht anders sein! Jede Organisation muß darauf achten, daß sie sich unabhängig vom Einzelnen stets wieder neu organisiert. Zuerst ein Erstaunen, daß man bald nicht mehr dabei ist und dann paßt sich jede Gruppe an die neue Situation an – und Du kommst in dieser Planung nicht mehr vor!

Und deshalb sollten Sie - so wie man eine Auslandsurlaubsreise oder größerer Projekte plant – längst auch schon ein wenig Ihre eigene Herauslösung aus dem alten Alltagstrott betreiben. Der Abschied geschieht tatsächlich nicht ruckartig – eher schleichend. Und ebenso empfiehlt es sich, sich selbst auch schon vorsichtig in das neue Leben hineinzutasten. So, wie sich die Besatzung eines Schiffes bei der Einfahrt in den Hafen schon auf das Anlegen vorbereitet und sich nicht mehr mit dem Wetter auf hoher See befaßt, das für die weiterziehenden Schiffe wichtig ist.

Luitgard Jany

MYTHOS 2: RUHESTAND = SELBSTWERTKRISE

Hallo! Wie viel sind Sie sich wert? In der Werbung werden Sie täglich mit dieser Frage, bzw. Antworten dazu („Das bin ich mir wert!“) konfrontiert. Die Koppelung unseres Selbstwertgefühles an den Kauf von Waren ist ein alter Werbetrick. Nur wenn ich dies oder das habe, habe ich einen Selbstwert – wird uns suggeriert.

Ein Glück, daß dem nicht so ist. Denn unser Selbstwert ist die Meinung, die wir von uns selbst haben, auch unabhängig davon, welche Kleider wir im Schrank haben und welches Auto in der Garage steht. Natürlich ist es toll in einem schicken Cabrio gesehen zu werden; doch wenn dieses und ähnliche Selbstwertvehikel fehlen – was dann?

Was geschieht, wenn wir Fehler machen, wenn wir ungeschickt sind, wenn wir beim Einkaufen mit zotteliger Frisur und ausgebeulten Jogginghosen von unserem Chef, Nachbarn, Angehimmelten gesehen werden?

Was ist, wenn unsere Haut immer faltiger wird, die Muskeln erschlaffen, die Haare ergrauen?

Was geschieht, wenn die berufliche Anerkennung weniger wird oder fehlt?
Ist unser Selbstwertgefühl dann hops gegangen?

Ja, bei einigen mehr, bei anderen weniger. Und bei einigen ist das Selbstwertgefühl dadurch kaum oder überhaupt nicht berührt worden. Was macht diese Menschen sozusagen immun gegen heftige Selbstwertschwankungen? Psychologen sind der Ansicht, daß das Geheimnis eines hohen Selbstwertgefühls gerade da liegt, wo wir es nicht vermuten. Nämlich im Umgang mit eigenen Fehlern, Schwächen und Unvollkommenheiten. Menschen mit hohem Selbstwert mögen sich, sie akzeptieren sich auch mit Schwächen. Sie haben die Fähigkeit entwickelt, sich selbst gegenüber Mitgefühl zu zeigen.

Mitgefühl, Nachsicht sich selbst gegenüber, Fehler sich selbst eingestehen und sie sogar freimütig anderen zuzugeben, ist eine wunderbare Eigenschaft. Und sie ist erlernbar! Auch wenn das zunächst schwer fällt, denken Sie daran: nichts ist tödlicher für unser Glück als der Wunsch, immer und überall perfekt sein zu wollen. Natürlich kennen wir alle die Angst vor Gesichtsverlust beim Zugeben von Schwächen und Fehlern. Diese Angst ist um so tiefer verwurzelt, je häufiger wir – meist schon in der Kindheit – Vorwürfen und Kritik ausgesetzt waren. Doch nichts hindert Sie daran jetzt reinen Tisch zu ma-

machen und mit täglichen kleinen Übungen der Nachsicht mit sich selbst zu beginnen.

Hier einige „Nachsicht-mit-sich-selbst-Übungen". Sie können als Antwort auf gehäuft in dieser Lebensphase auftretende Selbstwertkillergedanken eingesetzt werden.

Beispiel: Selbstwertkillergedanke
„Ohne Arbeit bin ich weniger wert".

Nachsicht-mit-sich-selbst-Übung:
Ja, vielleicht in den Augen der Menschen, für die ich nur in meiner Funktion als (hier können Sie ihren Beruf einsetzen) wichtig bin. Das tut weh, kränkt und macht mich auch wütend. In einer Welt, die den Wert eines Menschen hauptsächlich nach seinem Beruf beurteilt, ist es ja kein Wunder, daß ich diese Gedanken habe.
Doch ich weiß, daß ich mehr bin als meine berufliche Funktion. Das wissen auch die Menschen, die mich schätzen und lieben. Ich werde mich mehr an den Menschen, die meine Werte zu schätzen wissen, orientieren.

Beispiel: Selbstwertkillergedanke
„Jetzt gehöre ich zum Alten Eisen".

Gibt es eigentlich junges Eisen? Ja klar, und ich war das auch einmal. Jetzt sind andere in dieser Phase, die ich auch schon durchlebt habe. Natürlich glänzt junges

Eisen mehr und ich denke gerne an diese Zeit des Glanzes zurück. Ich sonne mich in der Erinnerung an diese Zeiten des jungen Eisens. Ich spüre den Schmerz des Verlustes dieser Zeit deutlich. Doch auch als Altes Eisen habe ich noch immer die Grundeigenschaften des Eisens (Hier können Sie Ihre Fähigkeiten, Wesenszüge einfügen, die Sie an sich am meisten schätzen). Ich gehöre bildlich gesprochen zur Eisenfamilie und habe viel zu berichten, von dem alle, auch das junge Eisen profitieren können.

Beispiel: Selbstwertkillergedanke

„Jetzt geht's mit meiner Attraktivität bergab".

Beispiel einer Nachsicht-mit-sich-selbst-Übung:
Um beim Bild vom Alten Eisen zu bleiben. Ja, ich habe Rost angesetzt. Die Haare sind grau oder ganz weg. Die Taille ist verschwunden, der Bauch wölbt sich enorm, die Muskeln sind schwächer usw., usw. Das macht traurig. Sehnsuchtsvoll ruht mein Blick auf den Starken und Schönen. Ja, ich gehöre augenscheinlich nicht mehr dazu. Da die ganze Medienwelt fast nur von Schönen und Jungen bevölkert zu sein scheint, kostet es Kraft, meine körperlichen Veränderungen als natürlichen Prozeß zu akzeptieren. Toll an mir ist, daß ich mich nicht hängen lasse. (Hier können Sie all das einsetzen, was Ihnen hilft gesund und attraktiv auszusehen). Auch wenn ich weiß,

daß ich davon nicht mehr jung werde, bin ich mit meinem Aussehen zufrieden.

Und wenn schon Vergleiche, dann bitte nur mit Gleichaltrigen! Alles andere schürt nur meine Unzufriedenheit und ist auch ziemlich unreif. Und unreife Alte sind einfach lächerlich und peinlich (Ein kurzer Blick in die Medien liefert dazu wieder einmal genügend Anschauungsmaterial). Daß ich meinem Partner, meiner Partnerin (die ja ebenso wie ich, dem Werden und Vergehen unterliegen) gefalle, ist wichtiger als der Rostbefall.

Attraktiv Altwerden ist schön!

Die hier vorgestellten Selbstwertkillergedanken treten natürlich nicht nur bei werdenden Ruheständlern auf, sondern befallen auch jüngere Menschen in kritischen Lebenssituationen wie z.B. bei Arbeitsplatzverlust und Liebeskummer. Festzuhalten bleibt: Ruhestand ist nicht, wie oft gesellschaftlich unterstellt, automatisch mit einer Selbstwertkrise verbunden. Daß ältere Menschen häufig sogar glücklicher und zufriedener sind als jüngere, ist nachgewiesen.

In der 50+ Studie von Prof. Dieter Otten gaben 79% der Befragten an, daß ihre Selbstsicherheit sogar mit dem Älterwerden zugenommen habe. 48,4 % sind mit ihrem

Aussehen total zufrieden und 34,7 % sind neutral. Nur 16,9 % sind unzufrieden mit ihrem Aussehen. Von einem Jugendwahn ist die Bevölkerung Deutschlands jenseits der 50 also weit entfernt.

Diese „neuen Alten" lebten vermutlich schon in jüngeren Jahren das Geheimnis eines hohen Selbstwertes: Nicht perfekt sein müssen und Fehler, Schwächen und Veränderungen als zum Leben dazugehörig zu akzeptieren.

Und das ist immer auch erlernbar.

Denn – so lange wir leben, können wir hinzulernen!

■

DER AUGENBLICK DES ABSCHIEDS

Verklärung der Vergangenheit • Locker bleiben • Besser ein magerer Abschied als ein magere Zukunft • Was passiert beim Abschied? • Eine Schranke zwischen das alte und das neue Leben legen • Veränderung und Abschied

So, jetzt ist er also da, der Augenblick, auf den sich mancher vielleicht lange gefreut hat und vor dem einem anderen schon seit längerer Zeit bange ist. Für Sie als die Hauptperson ist es gewissermaßen die letzte Show im Unternehmen. Sie haben nichts zu verlieren, erstmals sind Sie ein absolut freier Mensch! Die Verabschiedung von Mitarbeitern, das ist die Gelegenheit, bei der Redner mit ungewöhnlich feierlicher Miene und mit ungewöhnlich feierlichen Worten Dinge sagen, die man vorher von ihnen nie gehört hat und die man auch hinterher kaum hören wird. Auf einmal wird ein armer Mensch, der nichts anderes getan hat, als fleißig das zu tun, was er für seine Pflicht hielt, zu einer Stütze hochstilisiert, auf die der Betrieb eigentlich überhaupt nicht und niemals verzichten könnte.

Er erfährt noch einmal seinen gesamten Lebenslauf. Er selbst kennt ihn, nicht alles daraus ist so großartig, daß man es an das grelle Sonnenlicht einer gewissen Öffentlichkeit zerren muß. Er erfährt Verdienste und Fähigkeiten, von denen er selbst noch nichts geahnt hat, ja, daß das Unternehmen überhaupt noch existiert, sei eigentlich nur ihm zu verdanken. Und wenn denn über ihn überhaupt nichts zu sagen ist, dann hört man in solchen Abschiedsreden Floskeln wie: „In seine Zeit fiel die Einführung der deutschen Mark" oder „Dies war jene Zeit, in der das Unternehmen in wahrhaft voller Blüte stand."

Na bitte, aber für solche Verdienste waren die Ergebnisse der Gehaltsverhandlungen doch wohl nicht so ganz angemessen gewesen! Denkt unsere so geehrte Persönlichkeit. Dann kommen die Ankündigungen, daß „Sie uns sehr fehlen werden" oder daß „wir uns gar nicht vorstellen können, ohne Sie weiter zu machen" oder „daß Ihr Nachfolger in sehr große Fußstapfen treten wird".

Jetzt haben sie nur zwei Möglichkeiten: Entweder heben sie total ab und werden vor lauter Selbstüberschätzung größenwahnsinnig, klopfen ihrem Boss oder anwesenden Ehrengästen jovial auf die Schulter „Kopf hoch, es wird schon weiter gehen", erklären – das wäre eigentlich die logische Konsequenz des Tages – daß Sie es sich anders überlegt haben und doch noch ein paar Jahrzehnte in diesem Unternehmen bleiben werden, von dem sie a) gar nicht gewußt haben, wie sehr man sie schätzt, b) betroffen sind, wie sehr sein Schicksal von Ihnen abhängig ist – und c) haben Sie sich eigentlich ohnehin noch nicht reif für's Altenteil gefühlt!

Wahrscheinlich ist dies bislang deshalb noch nie passiert, weil die meisten so Geehrten die Worte absolut ernst nehmen und davon derart überwältigt sind, daß sie – in tiefste Glückseligkeit versunken – zu keiner weiteren Aktion fähig sind.

Die andere Möglichkeit – sie ist die bewährte! – ist die, gerade in einem solchen Augenblick einen kühlen Kopf zu behalten und die feierlichen Worte nicht unbedingt für bare Münze zu nehmen. Hören Sie, wie schon hinter der Bühne, auf der ein Streichquartett sich gerade mit Mozarts Kleiner Nachtmusik abquält, die Hufe scharren? Wo andere darauf warten, endlich auch einmal ihre Chance wahrnehmen zu können.

Natürlich gibt es auch ganz andere Abschiedsfeiern wie die „Pflicht-Verabschiedungen", bei denen nicht der Chef sondern der stellvertretende Abteilungsleiter der Unterabteilung XY verklemmte Abschiedsworte sagt und mit Mühe ein spärliches Grinsen auf seine Züge bringt. Dies mögen vielleicht sogar die häufigeren sein. Das ist dann jene Gelegenheit, bei der der Sekt für 2,98 Euro nicht so recht schmecken will und die alten Plätzchen trocken auf der Zunge kleben bleiben. Da kann man dann nur raten: Augen zu und durch! Denn Sie sind ohnehin schon viel weiter!

Nicht selten geht es noch knapper zu, wie bei Oswald Schafbauer, unserem Maurer, wo gerade einmal der Bauleiter noch die Hand drückt und alles Gute wünscht. Auch ein Tribut der Konzentration von Firmen, der Ratio in allen Bereichen und der Hektik, die das Innehalten kaum noch kennt. Da trauert mancher dem alten Patriarchen nach, dem der Abschied von jedem seiner Mitarbeiter ein Herzensanliegen gewesen war.

Damit jetzt kein falscher Eindruck entsteht: natürlich gibt es auch noch einen ganz anderen Weg.

Meine eigene Verabschiedung hat mir denn auch viel Freude gemacht. Ich hatte die Gelegenheit, selbst einen gewissen Einfluß auf ihren Ablauf zu nehmen und es wurde dann ein richtiges großes Familienfest, ein Fest der Dankbarkeit und des Zusammentreffens mit Menschen, die ich oft nur auf der berufsmäßigen, eher nüchternen Ebene kennen gelernt hatte. Immerhin: man verläßt eine Gemeinschaft, in der, ganz unabhängig von den geschäftlichen oder sonstigen Aufgaben, manche enge persönliche Bindungen entstanden sind. Ich habe diese Gemeinschaft mit Dankbarkeit, aber auch im Bewußtsein der eigenen Unvollkommenheit verlassen.

Kennen Sie das alte Handwerkerlied:

„Es, es, es und es,
es ist ein harter Schluß,
weil, weil, weil und weil,
weil ich von Frankfurt muß“

Mit diesem Lied verabschiedet sich ein Geselle von Meister und Meisterin. Und dann kommt eine besonders schöne Strophe, in der er sich von seinen Freunden mit den Worten verabschiedet:

„Ihr, Ihr, Ihr und Ihr,
Ihr Freunde, lebet wohl.
Hab ich ein Unrecht Euch getan,
so bitt ich um Verzeihung an...“

Kein schlechter Leitspruch, wenn man geht.

Ach, über das Thema Abschiedsfeiern könnte man noch viel schreiben! Vor Jahren habe ich einmal eine Abschiedsrede einer Führungskraft erlebt, in der der Scheidende – als alle sich schon in freudiger Erwartung auf den jetzt kommenden letzten Satz eingestellt hatten – erst richtig loslegte, seine Macht des Mikrophons gnadenlos nutzte und eine halbe Stunde lang Grundsätze und Philosophierereien darüber, wie man das Unternehmen richtig zu führen hatte, vom Stapel ließ. Die Gäste rutschten immer tiefer in ihre Sitze und harrten in absoluter Ergebenheit aus. Nachdem ich inzwischen gelesen habe, daß Männer bei Vorträgen zu 56 % sexuellen Tagträumen nachhängen, hoffe ich, daß diese wenigstens ein schönes Programm gehabt haben...

Ach ja, ich war ja auch dabei.

Die innere Abwesenheit des Publikums merkt man übrigens daran, daß etliche erst mit Verzögerung in den Schlußbeifall einstimmen. Aber solch ein Schlußbeifall kommt dafür fast immer von Herzen!

Manchmal fließen bei der Abschiedsfeier sogar ein paar Tränen, und das ist dann durchaus ein schönes Gefühl. Tränen lügen manchmal tatsächlich nicht.

Dann kommt der leicht beklemmende Augenblick – wo sich der erste wegen dringender Termine verabschiedet. Und dann folgen sehr schnell die anderen, viel zu früh, wie man selbst meint. Spätestens jetzt wird es Zeit, nach vorn zu blicken in den Start zur neuen Freiheit! Wenn Sie dann vielleicht noch durch den Betrieb zum Ausgang gehen, gehen Sie an geschlossenen Türen vorbei, die Sie nicht mehr öffnen wollen, und auch die offenen Türen werden Ihnen verschlossen sein. Macht nichts, Sie haben jetzt etwas ganz Neues vor!

Selbst dann, wenn man den Ruhestand herbeisehnte, kann der Abschied schwer fallen. In einer Sendung des Deutschlandfunks erzählte ein Bergmann: „Von Jahr zu Jahr bin ich immer weniger gern zur Arbeit gefahren. Ich habe mich deshalb sehr auf meinen Abschied gefreut. Aber als dann die Verabschiedung von den Kollegen da war, da gab es doch Rührung und Abschiedsschmerz.“

Nüchterner schilderte es ein Angestellter in der gleichen Sendung, als er einen Tag nach seiner Verabschiedung noch einmal in die Firma kam, um etwas abzuholen: "Der ganze Schreibtisch war schon geschlachtet, der PC war weg. Einiges stand in der Garage".

So abrupt kann Abschied sein. „Es ist wie abgeschnitten", sagte Oswald Schafbauer, unser inzwischen bekannter Maurer, treffend dazu. Spätestens jetzt ist keine Zeit mehr für Rührung! Am besten: Zunächst gar nicht mehr ins Geschäft gehen!

Der Bergmann, dem der Abschied dann doch schwergefallen war, berichtete noch ein halbes Jahr später: „Es dauert eine ganze Weile, bis man ankommt."
Setzen wir hinzu:

Leichter geht es,
wenn man sich darauf einstellt!

Nicht gerade wenige Menschen schließen deshalb an ihr Berufsleben einen besonders markanten Schritt wie zum Beispiel eine lange Urlaubsreise oder den Jakobusweg an. Nach dem Buch Harpe Kerkelings scheint der Weg mit seinen 2.600 km bis Santiago de Compostella in Nordspanien wohl für manche Menschen eher zu einem Event geworden zu sein. Doch kann dieser Pilgerweg den Menschen, die ihn nicht gerade in lautstarker Massengesellschaft herunterlatschen, nach wie vor viel geben. Wir sind ihn vor einigen

Jahren gegangen und trafen dabei auch immer wieder Menschen, die gerade aus ihrem Berufsleben ausgeschieden waren und sich jetzt neu orientieren wollten. Da es mittlerweile so viele Bücher gibt, will ich keinen neuen Versuch einer Beschreibung starten. Empfehlenswert ist für mich immer noch das Buch des Schweizers Hans Aebli („Santiago, Santiago") wie auch das des Schweinfurter Pfarrers Roland Breitenbach („Lautlos wandert der Schatten").

Gehen Sie allein oder zu zweit. Gehen Sie aber unbedingt außerhalb der Hauptsaison! Selbst da können Sie auch sehr gut allein gehen; wir trafen viele alleingehende Frauen.
Besonders schön und beeindruckend ist die Strecke, die von Genf über Le Puy bis in die Pyrenäen führt. Dort werden Sie nach wie vor keinen Massentourismus finden. Der Kopf wird klar und das Leben konzentriert sich auf Wesentliches.

Gut drei Monate werden Sie für den ganzen Weg schon brauchen – damit aber haben Sie sich auch wirklich von Ihrem alten Leben gelöst und können fröhlich auf das neue zumarschieren!

Luitgard Jany

VERÄNDERUNG UND ABSCHIED

Veränderungen, die wir uns selbst wünschen, die wir wollen, erleben wir als positiv. „Schön", werden Sie zu Recht sagen. Da brauchen wir uns keine weiteren Gedanken zu machen. Schwieriger wird es bei den Veränderungen, die wir nicht wünschen, die wir auf keinen Fall wollen. Diese Veränderungen erleben wir negativ.

Auch, oder soll ich sagen, gerade wenn Sie es nicht so angenehm empfinden mit dieser Seite des Ruhestandes gedanklich konfrontiert zu werden, lesen Sie weiter! Es lohnt sich. Denn der Schlüssel zur Veränderung liegt auch hier wieder in Ihrer Hand!
Was geschieht mit uns, wenn wir den bevorstehenden Ruhestand nicht selbst wünschen, sondern ihn als erzwungene Beendigung unserer wichtigen Aufgaben und Funktionen erfahren?

Erstens ist die Wahrscheinlichkeit hoch, daß Verdrängungsprozesse einsetzen. Motto:

„Ich bin noch lange nicht dran,
das hat noch Zeit"

Zweitens ist die Wahrscheinlichkeit hoch, daß wir gekränkt, enttäuscht und verletzt sind. Motto:

„Die werden schon sehen, wie der Laden ohne mich bergab geht"

(Wer kennt nicht mindestens eine Person, die sich ganz klammheimlich über die Schwierigkeiten ihres beruflichen Nachfolgers freut!)

Drittens ist die Wahrscheinlichkeit hoch, daß wir auf Grund dieser Realitätsverkennung und unserer Dauergekränktheit eine Zumutung für unsere Mitmenschen werden. Schon unser erster Bundeskanzler, der damals immerhin 87-jährige Konrad Adenauer sagte einem Journalisten gegenüber:

„Ich gehe nicht leichten Herzens"

Wie viel schwerer mag es da manch wesentlich jüngerem Volldynamiker fallen, zu gehen. Doch gleichgültig wie alt diese so ungern Scheidenden sind, der Berufsabschied wird – Ehrungen und Lobreden hin oder her – wie eine aufoktroyierte Entziehungskur erlebt.

In der Psychologie sprechen wir von Verlustdepression, deren schwere Verläufe schon in den Fünfziger Jahren unter solch unschönen Stichworten wie „Pensionierungsbankrott" oder „Pensionierungstod" beschrieben wurden.

Was sich in diesen harten Worten ausdrückt ist nicht einfach Verlust, sondern nicht verschmerzter Verlust. Denn das Ende des Berufs bedeutet ohne Zweifel einen

Verlust

Einen Verlust von sozialen Kontakten und Beziehungen, aber auch Verlust von Sozialstatus und Anerkennung, von Macht und Einfluß und meist auch einen finanziellen Verlust.

Seelisch, und im Gefolge auch körperlich gefährlich werden Verluste nur dann, wenn sie nicht betrauert werden. Wollen wir einen Verlust nur bürokratisch entsorgen und die damit verbundenen Gefühle der Trauer als „unnötigen" Ballast abschütteln, dann können wir ihn nicht verarbeiten und bewältigen. Die nicht zugelassenen Gefühle verstopfen – bildlich gesprochen – den Weg zu neuen Lebensmöglichkeiten. Abgedrängte, verdrängte Trauer ist nicht verschwunden, sondern sie sucht sich dann andere Wege des Ausdrucks wie z.B. Depression oder psychosomatische Erkrankungen.

Traurig sein zu dürfen heißt loslassen zu dürfen ... und:

*

Erst wenn wir
das Alte loslassen,
sind wir bereit
zu Neuem.

*

Berthold Jany

TRENNUNG UND ABSCHIED: SCHADET DER ÜBERGANG ZUM RUHESTAND DER GESUNDHEIT?

Das Ausscheiden aus dem aktiven Berufsleben ist ohne Zweifel ein bedeutendes Ereignis im Leben. Daß dieser Prozeß des Übergangs selbst gefährlich für die Gesundheit sein könnte, wird oft vermutet. Man hört im eigenen Umfeld von Freunden und Bekannten, in kurzer Zeit nach dem Ende des Berufslebens sei bei diesem und jenem eine schwere Krankheit aufgetreten oder jemand sei kurz nach dem Eintritt in den Ruhestand verstorben.

Hat dies etwa mit der Phase des Übergangs zum Ruhestand selbst zu tun? Gibt es auch Beweise für ein erhöhtes Risiko in dieser Zeit? Müssen wir im Prozeß des Übergangs aufpassen? Sind das Jahr zuvor und das Jahr danach besonders gefährlich? Gibt es Antworten auf diese Frage in vorhandenen wissenschaftlichen Untersuchungen zu diesem Thema?

Eine amerikanische Studie aus dem Jahr 2006 ging der Frage nach, ob der unfreiwillige Verlust des Arbeitsplatzes, also die Kündigung im Alter zwischen dem 50. Lebensjahr und dem eigentlichen Rentenalter negative Konsequenzen für die Gesundheit habe. Die Beobachtung lief zehn Jahre und ergab, daß Jobverlust im höheren Arbeitsalter zu einem deutlich erhöhten Risiko eines Herzinfarkts oder Schlaganfall führt im Vergleich zu den gleichaltrigen weiter arbeitenden Menschen.

Zu einem ähnlichen Ergebnis kam eine große europäische Untersuchung aus dem Jahr 2008 bei fast 17 000 Menschen: der frühe Ruhestand war auch hier mit einem höheren Risiko verbunden, an Krankheiten des Herz-Kreislauf-Systems zu versterben. Nun könnte man denken, die früher berenteten Personen seien eben schon erkrankt gewesen. Dies war aber nicht der Fall; bereits Erkrankte wurden in die Untersuchung gar nicht eingeschlossen.[2]

Man kann bislang nur Vermutungen anstellen, warum dies so ist: Ist es die Verschlechterung der wirtschaftlichen Verhältnisse? Der mit dem frühen Renteneintritt oder dem Jobverlust verbundene Streß? Der Beginn eines ungesünderen Lebensstils?

Wir wissen es nicht. Für unsere eingangs gestellte Frage aber scheint es so, als ob die erzwungene Trennung vom Berufsleben, sei es durch Jobverlust oder durch den frühen Renteneintritt, negative Konsequenzen für die Gesundheit haben könnte.

Gilt das auch für den geplanten Übergang in den Ruhestand, also für das Erreichen der Altersgrenze?

Hier das Ergebnis einer „Vorher-Nachher"-Studie: Männer wurden ausführlich im 64. Lebensjahr, also im letzten Jahr ihres Arbeitslebens zu ihren Erwartungen, Ängsten oder Befürchtungen vor dem Ruhestand befragt. Ein Jahr nach Beginn des Ruhestands wurden die gleichen Interviews wiederholt. Nach dieser Untersuchung wurde klar, daß die Phase des Übergangs verbunden ist mit Gefühlen der Unsicherheit, der Angst vor Trennung und dem Verlust einer Aufgabe. Weniger dagegen mit Freude auf etwas Neues, Positives. Nach einem Jahr im Ruhestand hatten sich die Ansichten der Befragten deutlich gewandelt: die meisten hatten den Übergang vom aktiven Berufsleben in den Ruhestand sehr gut bewältigt, fühlten sich freier, und freuten sich darüber, nun Dinge tun zu können, die zuvor kaum möglich waren. Die meisten sahen den Ruhestand jetzt als die natürliche Fortführung ihres früheren Lebens an, die Ängste waren verschwunden. Die Hälfte der Männer sah nun – ein Jahr später – den Übergang als Phase von Ungewißheit, Krise und schwieriger Lebenslage an, die sich aber tatsächlich dann in Wirklichkeit als deutlich weniger schwierig herausgestellt habe als angenommen. Negative gesundheitliche Konsequenzen werden hier nicht angegeben.[3]

Bereits 1983 wurde eine wichtige Studie veröffentlicht, die zeigte, daß der Eintritt in den Ruhestand keine Verschlechterung der allgemeinen Gesundheit mit sich bringt. Natürlich kann es sein, daß bereits Erkrankte, die wegen gesundheitlicher Probleme aus dem Beruf ausscheiden, im Verlauf aus den verschiedensten Gründen eine Verschlechterung ihres Gesundheitszustandes erleben können. Für die Gesunden läßt sich nach dieser Studie aber festhalten, daß das „stressful life event", also die Phase des Übergangs selbst, nicht so viel Streß enthält, als daß es für die Gesundheit gefährlich werden könnte.[4]

Und noch eine aktuelle, umfassende Studie aus Frankreich bestätigt die früheren Ergebnisse: 14000 Menschen wurden 7 Jahre vor und 7 Jahre nach ihrem Ruhestand immer wieder nach einem festen Programm hinsichtlich ihres Gesundheitszustandes untersucht. Besonders im Fokus standen Lungenerkrankungen, Diabetes, Herzerkrankungen und Schlaganfall, aber auch Symptome der seelischen Erschöpfung, der chronischen körperlichen Müdigkeit und Zeichen einer Depression.

Die Ergebnisse waren sehr aufschlussreich. Zunächst nahm die Häufigkeit der chronischen Erkrankungen von Herz und Lunge oder Diabetes mit dem steigenden Alter zu. Kein Wunder, der Beobachtungszeitraum war ja auch etwa 15 Jahre. Aber es gab keinerlei Zeichen eines Trends einer besonderen Verschlechterung der Gesundheit um die Zeit des Eintritts in den Ruhestand herum.

Daß dieses Ereignis also besonders gesundheitsgefährdend wäre, wird hier erneut als Mythos widerlegt.

Und ein weiteres Ergebnis dieser sehr aufwändigen Untersuchung: Der Eintritt des Ruhestands ging einher mit einer deutlichen Abnahme von körperlichen und seelischen Erschöpfungszuständen; und dies besonders bei den Menschen, die bereits vor dem Ruhestand schon an chronischen Erkrankungen litten. Selbst Symptome einer Depression nahmen in dieser Gruppe von 14.000 Ruheständlern ab.

Eine gewisse Einschränkung der Übertragbarkeit dieser Ergebnisse auf deutsche Verhältnisse liegt darin, daß die französischen Arbeitnehmer deutlich früher in den Ruhestand treten als die deutschen. Die grundsätzlichen Aussagen der Untersuchung bleiben aber bestehen.

Interessant ist auch eine Untersuchung zur Gesundheit von Chirurgen nach ihrem Ruhestand. Hier handelt es sich um eine Berufsgruppe, die sich über mangelnden Streß und Arbeitsbelastung in ihrem Berufsleben nicht beklagen kann, die aber auch eine große Arbeitszufriedenheit aufweist. Es zeigte sich, daß der schwierigste Aspekt des Ruhestands für diese Berufsgruppe der Rollenverlust als Chirurg war. Dennoch berichten die meisten, daß sich der Ruhestand sehr positiv auf die Gesundheit und die allgemeine Lebensqualität ausgewirkt habe. Ein Chirurg, drei Jahre im Ruhestand, gab den jüngeren diesen Rat mit auf den Weg:
„Man braucht **drei Dinge** für den erfolgreichen Ruhestand:

1. ausreichend Geld,

2. Interessen außerhalb der Medizin,

3. die Überzeugung, daß sein Selbstwertgefühl nicht davon abhängt, ein Arzt zu sein. Wenn diese drei Dinge gegeben sind, kann man jederzeit mit dem Beruf aufhören, egal wie alt man ist oder wie lange man schon gearbeitet hat." Ein Risiko für die Gesundheit der Chirurgen ist der Ruhestand allemal nicht.[5]

Wie kommt es aber dann zu den eingangs geschilderten Befürchtungen?

Da der Ruhestand eine so wichtige Veränderung im Leben ist, werden Ereignisse, die mit seinem Eintritt zeitlich zusammenfallen, diesem ursächlich zugeschrieben: so eben auch Veränderungen im körperlichen oder seelischen Wohlbefinden.

Die medizinischen Untersuchungen zeigen jedoch: der planmäßige Übergang in den Ruhestand schadet der Gesundheit nicht. ■

Wer bin ich jetzt?

Ein Mann, der Herrn K.

lange nicht gesehen hatte,

begrüßte ihn mit den Worten:

„Sie haben sich

gar nicht verändert.“

„Oh!“

sagte Herr K. und erbleichte.

Bert Brecht

WER BIN ICH JETZT?

Vorgänger und Nachfolger • Wenn man auf keiner Einladungsliste mehr steht • Auf einmal rollenlos? • Mythos 4: Ruhestand = Statusverlust

So, der Abschied wäre geschafft. Eine Reihe persönlicher Utensilien aus dem Büro liegen in der Wohnung herum, noch ein wenig fremd hier. Einige Bilder, die jetzt auf eine freie Wand warten, der superschöne Vorhang, den ich vor 15 Jahren anschaffte, und den ich mitnehmen durfte. An meinem Schreibtisch lebt sich jetzt der Nachfolger ein. Ich habe ihn vor Jahren selbst eingestellt und konnte ihn auch in die neue Aufgabe einarbeiten.

Die Nachfolgeregelung ist nicht nur für viele mittelständische Unternehmer ein Problem. Erfolgreiche Menschen scheinen nach wie vor zu glauben, daß sie unersetzlich sind und daß eigentlich niemand so recht in der Lage ist, ihren Job zu übernehmen. Da gibt es den 90-jährigen Kaufmann, der dem 60-jährigen Junior noch Vorschriften machen möchte. Aber das Problem soll es auch woanders geben.

Wer denkt da nicht an den 87-jährigen Konrad Adenauer, der nur widerwillig seinen Stuhl zugunsten eines argwöhnisch beäugten Ludwig Erhard räumte. Und auch im englischen Königshaus ist der Junior längst kein Junior mehr!

In wirtschaftlichen Unternehmen kann solch eine Haltung sehr schnell zur Tragödie werden. Denn der „Junior“, der allzu lange in Lauerstellung liegt, der verliert irgendwann die Lust, noch länger zu warten. Oder er wartet und wartet, bis auch bei ihm die Sturm- und Drangzeit und der Schwung der Jugend dahin sind. Vielleicht ganz gut, daß bei Angestellten eine Grenze für die Berufstätigkeit gilt. Ob sie so starr sein muß wie bisher, kann allerdings bezweifelt werden.

Ja, und jetzt sitzt vielleicht der „Neurentner“ zu Hause und denkt in der allmählich einkehrenden Ruhe an die schönen Sprüche von der Abschiedsfeier.... „und Sie sind immer bei uns willkommen, Sie sind ja ein Teil der XY-Familie“.

Franz Weinhuber, ein entfernter Bekannter von mir, war hier besonders konsequent. Er ordnete sein Leben so, daß er alles, was mit seinem bisherigen Berufsleben zusammenhing, einstellte. Er war immer ein in sich ruhender, freundlicher Mensch gewesen, der sich in seinem nicht einfachen Beruf viele Freunde gemacht hatte. Umso stärker waren manche von dieser konsequenten Haltung überrascht – aber er hatte recht!

Peinlich kann die Situation freilich schon werden: Da kommt der alte Chef (er ist jetzt „der Alte“), klingelt vielleicht an der Tür, für die er bis vor kurzem noch den Schlüssel gehabt hat. „Ach, Sie sind’s, Herr Meier, ja das ist aber schön, daß Sie uns mal wieder besuchen kommen". Meier knurrt innerlich; denn solche Rentnertypen, die den ganzen Betrieb aufhalten, hat er schon früher immer gehaßt. Noch mehr ärgert er sich, daß er jetzt in der gleichen Rolle ist, er, der eigentlich hier nichts mehr zu suchen hat. Die Sekretärin nimmt ihn mit ins Sekretariat, das er ja bestens kennt. Nur: Die Unordnung ist ja nicht auszuhalten; achtet der „Neue" hier überhaupt nicht drauf? Hinter jener Tür rechts ist das Büro des Chefs, **sein** Büro! Aber jetzt ist die Tür verschlossen wie das Tor zum vermeintlichen Paradies, dahinter thront der „Neue". „Ich sag' Herrn Neu Bescheid, daß Sie da sind", flötet die Sekretärin, wenigstens eine, die ihm noch ein bißchen von der früheren Würde vermittelt. In diesem Augenblick stürzt der auch aus seinem Büro „Frau Y, das muß unbedingt heute noch raus, und haben Sie eigentlich Herrn Z angerufen wegen der Reklamation?" Erst jetzt bemerkt er den verlegen grinsenden Vorgänger und begrüßt ihn scheinheilig überschwenglich, während er ihn wohl innerlich längst zum Teufel wünscht – so wie der „Alte" es vor Jahren mit seinem Vorgänger gehalten hatte. „Schön, daß Sie mal wieder hereinschauen, na ja, Sie wissen ja noch, wie hektisch es bei uns zugeht!" Damit verschwindet er wieder in seiner Kajüte. Herr Meier sitzt unbehaglich da und möchte am liebsten ganz woanders sein. Wie konnte er sich auch in eine solche blöde Situation bringen! Aber da kommt seine – was heißt hier: seine? – Sekretärin mit einem Kaffee, und der Anstand gebietet es, den jetzt auch noch zu trinken. Der ist sehr heiß, und dementsprechend lange dauert die Prozedur. Währenddessen rutscht die ihm körperlich und auch sonst noch zugewandte Sekretärin unruhig auf ihrem Stuhl hin und her, die Konversation schleppt sich so dahin. Denn sie muß ja den Brief noch fertigmachen und Herrn Dingsbums wegen der Reklamation anrufen.

Da hat sie eine rettende Idee. „Haben Sie unser neues Firmenmagazin schon gelesen? Ist sehr spannend, und ein Bericht über unsere Abteilung ist auch drin!" Und ehe er antworten kann, daß er dieses Magazin – er hat es noch nie gemocht – jetzt immer nach Hause zugeschickt bekommt, hat sie es ihm schon in die Hand gedrückt und wendet sich handlungsschwanger ihrem Computer zu. So bleibt ihm denn nur, den Aufsatz über die Abteilung zum zweiten Mal zu lesen, über den er sich schon beim ersten Mal gescheit geärgert hat. Unter der Überschrift „Frischer Wind in allen Räumen" steht dort zu lesen, daß jetzt neue Besen mit großem Erfolg den Staub von Jahren wegkehren und die Abteilung überhaupt nicht mehr wiederzuerkennen sei...! Neuerungen, die er eingeführt hatte, sind entweder als „Irrweg" aufgegeben worden oder „tragen nun die erkennbare Handschrift der Jugend"!

Vielleicht aber läuft der Besuch auch ganz anders ab. Vielleicht lädt ihn der Neue zum Kaffee ein; dann werden natürlich die Probleme des Betriebes besprochen, und schon ist der Alte wieder in seinem Element, doziert und fabuliert, weil er ja eine jahrhundertelange Erfahrung hat und diese dem Neuen einfach weitergeben muß. Denn der hat ja eigentlich überhaupt keine Ahnung. Und deshalb trägt er langatmig und mit allem Nachdruck seine Meinung vor. Oh, wenn er wüßte, wie oft sich die Erde seit seinem Ausscheiden gedreht hat! Der Nachfolger wiederum hört – zumindest zu Anfang noch mit geheuchelter Aufmerksamkeit zu und betet zu den Nothelfern, daß der alte Herr sich doch endlich wieder seinem Ruhestand zuwenden möge, damit er wieder zu seiner Arbeit kommt.

Genug gesponnen! Wollen Sie wirklich noch zum Plausch Ihre ehemaligen Kollegen behelligen? Psychologen können Ihnen erklären, wie schnell sich neue Netzwerke bilden – und in denen kommen Sie einfach nicht mehr vor. Wer dann immer noch die Diskussion von gestern führt, obwohl er hier gar nicht mehr mitspielt, ist hereingefallen auf die Verliebtheit gegenüber der eigenen Eitelkeit.

Denken Sie mal daran, wie es war, als zu Ihnen regelmäßig der alte Fredebohm in die Abteilung kam, zu seiner Zeit der beste Verkäufer. Und das hat er auch jedes Mal erzählt: „Ich war der beste Verkäufer von Bohnerwachs weit und breit. Und ich verstehe gar nicht, daß die Jungen das heute gar nicht mehr hinkriegen, die haben einfach keinen Mumm!“

Eine Bewertung, die die Jungen schon damals besonders gern gehört haben...

Nein, Sie haben mit Ihrem Abschied ein neues Tor aufgestoßen. Sie spielen jetzt in einer anderen Liga – also lassen Sie die alte hinter sich! Freuen Sie sich an kurzen, zufälligen Begegnungen und sprechen Sie nicht im Sinne von „das waren noch Zeiten.“ Denken Sie daran:

Ihre Zeit ist heute, ist Jetzt!

Eine Zeit, die für Sie noch spannende Entwicklungsmöglichkeiten bereithält. Na klar, es ist schön, daß die Menschen in Ihrem alten „Laden“ sich freuen, wenn sie Sie einmal treffen. Aber gehen Sie ihnen nicht auf den Geist.

Wenn dieses Auf-den-Geist-Gehen vielleicht noch eine läßliche Sünde ist, so gibt es eine Todsünde, die Sie auf jeden Fall vermeiden sollten. Eduard Maurer hatte bis zu seinem Ausscheiden ein Verkaufsteam geleitet. Man war bei einem Kunden sehr erfolgreich gewesen, und Eduard meinte nun, deshalb persönlich einen Anspruch auf eine erhebliche Prämie zu haben. Sein Kollege und Nachfolger Erwin Brand sah dies ganz anders und lehnte eine Zahlung ab. Eduard mobilisierte nun die ihm noch gut bekannten früheren Vorgesetzten. Diesen war die ganze Angelegenheit eher peinlich. Sie konnten nicht anders, als die Entscheidung des neuen Chefs Erwin zu bestätigen. Verbittert wandte sich Eduard ab, und die Jungen wunderten sich nicht ohne Befremden.

Merke: Sieh zu, daß Du mit Deinem letzten Auftritt einen guten Eindruck hinterläßt, der Dich fröhlich und unbeschwert den Nachfolgern in die blauen Augen schauen läßt! Nicht nur der erste Eindruck ist entscheidend, manchmal ist es auch der letzte! Ich bin davon überzeugt, daß es mir persönlich gut tut, wenn andere Menschen positive Gedanken für mich hegen.

Ende gut – alles gut.

Das ist ein durchaus wahrer und manchmal auch tröstender Sinnspruch.

Wenn man einen Nachfolger hat, dann gibt es, wie fast immer im Leben, zwei Möglichkeiten. Entweder ist der Nachfolger eine Niete. Das wäre schlecht, vor allem, wenn Sie zuvor schon mit ihm zusammengearbeitet und ihn auch eingearbeitet haben. Oder aber, der Nachfolger könnte natürlich auch gut sein, vielleicht gar besser als Sie! Fürchterlich! Oder? Nein, das ist das Beste, was Ihnen passieren kann. Gönnen Sie es ihm und sagen Sie es auch den anderen. Oder brauchen Sie nach so vielen Jahren noch eine Bestätigung von außen, daß Sie gute Arbeit geleistet haben? Mir macht es Freude, festzustellen, daß mein Nachfolger in manchen Dingen besser ist als ich. Nicht nur, daß er virtuos auf der EDV Tastatur spielt, da wo ich bestenfalls mäßig die alltäglichen Handgriffe beherrsche. Er realisiert auch Ideen, auf die ich eigentlich auch hätte kommen können!

Wie soll es in unserem Land aufwärts gehen, wenn nicht die nachrückende Generation in manchen Dingen besser ist als die vorherige! Eigentlich müßte doch nicht nur der Einzelne, eigentlich müßte doch auch eine ganze Gesellschaft lernen können.

Ich freue mich daran, weil ich meinen eigenen Wert kenne. Ich habe schon Vorgesetzte kennengelernt, die nicht imstande waren, Mitarbeiter zu loben, weil sie sich selbst nicht achteten. Mein Trost: Ich kann loben, eine einzige gute Eigenschaft – bei allen Fehlern – habe ich also zumindest!

Die Rolle, die ich über Jahre hinweg gespielt habe, sie ist jedoch ausgelaufen. Ist nicht mehr da und jeder weiß das. Auch ich habe dies einsehen müssen. Jetzt spätestens kommt der Augenblick, wo ich Ihnen, lieber Leser, gestehen muß: Ich habe dieses Buch auch für mich selbst geschrieben. Weil ich alles, was um mich herum geschehen ist, auch immer mit den Augen des Autors wahrnahm, ist mir tatsächlich manches auch leichter gefallen. Ein ganz seltsames Gefühl, wenn man in eine Gesellschaft kommt und sich vorstellt. Ich war einmal Kaiser von China oder ich war ein irgendwo wichtiger Mensch, Angestellter in einem Unternehmen oder in einer Verwaltung. Ich hatte diese oder jene Vollmachten oder was wir uns sonst als Erklärungen unserer Wichtigkeit ausdenken ...

Ich hatte, ich war = Vergangenheit!

Vor einiger Zeit war ich mit meiner Frau in einem fröhlichen Konzert. Der witzige Moderator fragte dort in die Runde, wer wohl selbstständig, wer Lehrer, wer Verkäufer sei. Und dann kam er zu seiner – wie er sagte – Lieblingsgruppe: „Und wer hier ist denn Rentner?“ Ich habe mich nicht gemeldet. Als „Schreiber“ reihte ich mich in die Schar der Selbstständigen ein! Irgendwann werde ich wohl lernen, die Berufsbezeichnung „Rentner“ als selbstverständlich anzusehen...

Immer wieder gibt es offizielle Veranstaltungen, zu denen man selbstverständlich früher Einladungen bekam. Nicht alle davon habe ich früher mit Begeisterung besucht. Und dann ist es doch komisch, wenn einem jetzt die Tür vor der Nase geschlossen wird. Das haben mir auch andere bestätigt, mit denen ich mich nach ihrem Ruhestand unterhalten habe. Merken Sie: Schon wieder der Blick zurück!

Ich wäre noch gerne... wirklich?
Auch das neue Leben erfordert einen ganzen Mann oder eine ganze Frau. Es gibt kein Zurück zum alten Leben – und das ist auch gut so.

Luitgard Jany

MYTHOS 3: RUHESTAND = STATUSVERLUST

Wer bin ich, wenn ich nichts mehr bin?
Diese Frage stellt sich unweigerlich arbeitssüchtigen Menschen, denen die Arbeit genommen wurde. Arbeitssüchtige (engl. „Workaholic") führen kein Privatleben mehr. Sie haben ihr Privatleben völlig der Arbeit geopfert. Ohne Arbeit erleben sie sich als Nichts.

„Davon bin ich Gott sei Dank weit entfernt", werden Sie jetzt erleichtert feststellen. Sicher zu Recht! Denn Arbeitssüchtige sind nicht Menschen wie Sie oder ich, die viel und gerne arbeiten. Arbeitssucht bezeichnet ein Krankheitsbild. Es ist das Bild des nach Arbeit süchtigen Menschen, der ausschließlich durch und für die Arbeit lebt. Besonders in Japan tritt Arbeitssucht sehr häufig auf, was sich schon an den 350 dafür eingerichteten Behandlungszentren erkennen läßt.

Was sich an diesem Extremfall erkennen läßt, ist der Stellenwert des Privatlebens für die Arbeit und für den Ruhestand. Ein gesunder, ausgeglichener Mensch befriedigt seine Bedürfnisse nach Selbstbestätigung, Anerkennung, Kontakt, Verantwortung und Kreativität im Beruf

und im Privatleben. Je verarmter unser Privatleben geworden ist, desto schwieriger wird deshalb der Umstellungsprozeß auf den Ruhestand. Die Arbeit als „Bestätigungsstätte" ist ja weggefallen. Doch die gute Botschaft folgt sofort auf dem Fuß:

Je reicher, vielfältiger, weit verzweigter Ihr Privatleben schon während Ihres Erwerbslebens ist, desto leichter wird Ihnen der Übergang in den Ruhestand gelingen. Sie sind dann im Ruhestand in der wunderbaren Situation, daß Sie diesen Lebensbereich, den privaten Bereich, einfach nur vertiefen, intensivieren oder erweitern können. Sie können an Ihre ganz persönlichen, schon vorhandenen „Glücksbringer" anknüpfen und sie aufstocken, um den Verlust aus dem Arbeitsbereich auszugleichen. So wundert es nicht, daß Forschungsergebnisse aus der Gesundheitspsychologie und der Altersforschung zeigen, daß denjenigen Menschen, die eine ausgeprägte soziale Integration, ein großes Interessenspektrum und ein hohes Maß an Flexibilität aufweisen, die Umstellung auf den Ruhestand für sie selbst zufriedenstellend gelingt.

Der Status dieser Ruheständler ist hoch, da laut Definition Status immer etwas über die gesellschaftliche Integration eines Menschen aussagt. Verändert hat sich die Bemessungsgrundlage!

Der Status des Ruheständlers bemißt sich jetzt nicht mehr an den Dimensionen des **aktiven** Erwerbslebens.

Natürlich sind Sie auch im Ruhestand die Lehrerin, jetzt außer Dienst, der Geschäftsführer außer Dienst, der Schreinermeister außer Dienst und so fort.

Die Erinnerung an den einst ausgeübten Beruf bleibt an Ihnen haften.

Im Selbstbild (= wie ich mich sehe) und im Fremdbild (wie andere mich sehen) lebt unsere Berufstätigkeit fort. Auch in dieser Hinsicht „sind wir noch wer". Doch die jetzt wesentlichere Bemessungsgrundlage für Ihren Status ist **das aus der Gegenwart gespeiste selbst bestimmte Privatleben.**

Der antike Denker Aristoteles nannte diese Zeit „scholia", die sich von der Arbeit und der dazugehörenden Freizeit strikt unterscheidet. **„Scholia"** ist die Zeit, in der Mann und Frau zu sich selbst finden können.

Bildung, soziales Engagement, Politik und Ehrenarbeit sind weitere wichtige Bestandteile dieser Hoch-Zeit des Menschen. ■

”

Wohin blickst Du?

Wonach streckst Du die Arme aus?

Alles, was da kommen soll,

liegt im Ungewissen.

Jetzt, auf der Stelle,

erfasse das Leben!

Auf! ... Was zögerst Du,

was zauderst Du?

Wenn du den Tag nicht fassest,

flieht er davon!

”

Seneca, Von der Kürze des Lebens

ZUR NEUEN FREIHEIT DURCHSTARTEN !

DAS LEBEN GEHT WEITER

So, jetzt ist aber Schluß mit traurig.
In den folgenden Kapiteln wollen wir uns nur mit dem Blick nach vorn befassen.
Und es gibt so viel zu tun – packen wir es an!

MENSCH SEIN – EIN AMT FÜR EHRE, NICHT FÜR GELD

Neue Welten entdecken
• Dienen als Form der Freiheit • Warum das Ehrenamt oft mehr kann als ein Hauptberuf

Heute Nachmittag begegnete ich meinem Freund Dieter, der gerade fröhlich aus einem Seniorenheim kam. Auch er ist seit einiger Zeit im Ruhestand. „Na“, lästerte ich, „hast Du Dich schon mal vorsorglich nach einem Platz umgesehen?“ „Nein“, erzählte er lachend, „ich besuche dort seit Jahren eine ganz bezaubernde alte Dame“. Wir setzten uns zusammen in ein Straßencafé, und er berichtete mir, daß ihm diese Besuche zeitlich in seiner Berufszeit schon manches Mal schwergefallen seien zwischen der Fülle beruflicher Termine. Aber irgendwie war es auch gegangen. Jetzt habe er den Vorteil, diese Besuche besser planen zu können. Einmal wöchentlich sei er bei ihr. „Frau Ludwig“, so Dieter, „ist eine reizende Dame von inzwischen fast 97 Jahren. Als ich sie zum ersten Male besuchte, fragte ich mich, was ich wohl mit einem fremden Menschen so reden sollte. Ich bin ja kein ausgebildeter Entertainer, und zum peinlichen Krampf sollte das Ganze ja keinesfalls werden. Frau Ludwig hat mir diese Sorge sehr schnell abgenommen. Auf jedes unserer Treffen bereitet sie sich sehr sorgfältig vor. Das merke ich, wenn sie zum Beispiel Themen aus der großen oder kleinen Politik anspricht. Sehr gern erzählt sie aus ihrem Leben. Sicherlich lebt man mit 96 Jahren stärker rückwärtsgewandt. Aber durch ihre authentische Erzählung wird mir selbst Geschichte plastisch wie nie zuvor! Im Jahre 1912 geboren, damals stand das Kaiserreich vor dem ersten Weltkrieg. Und wenn sie von ihrer eigenen Großmutter erzählt, dann springen wir gedanklich in die Zeit Goethes und Beethovens! Lebten die, aus dem Blickwinkel des gehetzten Berufssklaven des 21. Jahrhunderts gesehen, nicht irgendwann in grauer Vorzeit?“

Ich konnte ihm nur Recht geben und spürte etwas von der Faszination solcher Gespräche. Oft erzählt Frau Ludwig vom 16. März 1945 – das war der Schicksalstag Würzburgs, an dem britische Bomber abends in 20 Minuten die Stadt zu einem Trümmerfeld machten. Frau Ludwig war mit ihren Eltern zu diesem Zeitpunkt bereits ausgebombt. Als dann ihre Mutter am Tag nach dem Inferno zur alten Wohnung ging, um zu sehen, was noch erhalten geblieben war, sagte sie totenbleich: „Für die Wohnung brauchen wir keinen Schlüssel mehr!“ Das Haus war zur Hälfte aufgerissen, im Wohnzimmer im 1. Stock waren noch Teile des alten Blüthner Flügels sichtbar, des ganzen Stolzes der Familie. Aber die Familie war noch am Leben – über 5.000 Menschen hatten in dieser Nacht in Würzburg ihr Leben verloren. Es ist gut, daß durch solche Zeitzeugen Geschichte lebendig bleibt, und wir „Jüngere“ müssen sie weitertragen.

Übrigens haben die beiden bei ihren kleinen Treffen in ihrem gemütlichen Zimmer auch kleine Rituale, die sie sorgsam pflegen. Ab und zu bringt Dieter eine Flasche Wein mit, und so „schöppeln“ sie dann jedes Mal ein Gläschen! Sie deckt den kleinen Tisch mit Gläsern auf Papierservietten und sie bittet ihn dann einzuschenken. „Ohne diese Aufforderung würde ich die Flasche nicht anrühren – denn sie ist die Gastgeberin, und das ist auch ein Teil des Respekts und ihrer Würde“. Die netten Betreuerinnen im Heim freuen sich jedes Mal, wenn sie Dieter sehen – offenbar tut es der alten Dame gut. Und so ganz nebenbei fühlt er sich unheimlich jung. Ich habe es gleich an seinem Gang bemerkt.

Sage niemand, daß Männer nicht auch recht eitel sind!

Die Adresse wurde durch einen Verein vermittelt, der mit dem Sozialreferat unserer Heimatstadt zusammenarbeitet. Auch in Ihrer Stadt wird Ihnen das Sozialreferat gewiß Tips geben können.

Jeder sechste Deutsche im Rentenalter – so hat es der umtriebige Hamburger „Freizeitpapst“ Prof. Opaschowski in den Neunziger Jahren ermittelt – bekleidet ein Ehrenamt.[5] (Der Aphoristiker und Spötter Georg Christoph Lichtenberg hatte einmal die Frage gestellt: „Ist es nicht oft so, daß das Amt ihn bekleidet?“)

Wenn man sich nicht bewußt dagegen abschirmt, kann es passieren, daß einem Ehrenämter nur so zufliegen. Mir hat es eigentlich immer Freude gemacht, mich neben meinem Beruf auch noch in ganz anderen Aufgabengebieten zu engagieren: in der praxisnahen Fortbildung wie auch im Prüfungswesen der Industrie- und Handelskammern.

Die Mitarbeit der Hospizbewegung hat mich gelehrt, das Thema „Sterben“ nicht mehr aus meinem Denken auszublenden. Ich selbst habe das Gefühl, es ist leichter über solche Themen zu sprechen, solange man noch gesund und fit ist. So sieht man derartige Fragen zwar durchaus mit persönlicher Distanz, aber im Bewußtsein, daß man selbst auch aus heiterem Himmel mit dem Ende konfrontiert werden kann.

Wenn Sie Anregungen für ein ehrenamtliches Engagement im sozialen Bereich suchen: In Ihrer Lokalzeitung werden Sie sicherlich fündig. Die Städte und Landkreise geben gern Auskunft über die vielen Initiativen, Vereine und Organisationen. In unseren Seniorenheimen gibt es hunderttausende von Menschen, die sich über einen Besuch und eine Ansprache freuen – und die andererseits dem Jüngeren so viel an Erfahrung und Klugheit geben. Klar, das ist nicht nur „Spaß" – aber auch für den bleibt ja noch genügend Zeit!

Zahlreiche Museen, Bibliotheken und Theater suchen ehrenamtliche Helfer, die Gerichte suchen Schöffen, die Gemeinden Wahlhelfer für die inzwischen permanent stattfindenden Wahlen, Europa-, Bundestags-, Landtags- und die Kommunalwahlen sowie die laufend zunehmenden Bürgerentscheide. Umweltschutz, Krankenhäuser und soziale Einrichtungen rufen ebenso nach Helfern wie die Bildung. In der Bewegung „Alt hilft Jung" haben sich Menschen aus der Wirtschaft zusammengetan, die Jungunternehmern kostenlos zur Seite stehen. Ich habe Kontakt mit einigen von ihnen gehabt: Dahinter steckt eine Menge fachlicher Kompetenz.

Wenn auch nicht jede Tätigkeit für jeden aus der „Generation Silber“ geeignet ist – auf die Feuerwehrleiter klettert man nun einmal mit 65 nicht mehr ganz so behende wie ein Zwanzigjähriger – es gibt noch viele Aufgaben. Nun höre ich manche Leute sagen: Das sind doch alles Aufgaben des Staates, warum soll ich kostenlos eine Aufgabe wahrnehmen, die eigentlich vom Staat bezahlt werden müßte?

Ehrenamt ist etwas anderes als ein Verlegenheitsjob für jemanden, der nichts zu tun hat und der auch nicht bezahlt wird. Das Ehrenamt bedeutet, daß Menschen sich mit ihrer ganzen Persönlichkeit in eine Aufgabe einbringen. Gerade dort, wo es um menschliche Zuwendung gegenüber anderen Menschen geht, ist das Ehrenamt nicht zu ersetzen. Denn im Ehrenamt stehe ich an der Seite des Anderen als Mit-Mensch, nicht aber deswegen, weil ich davon einen materiellen Vorteil habe. Ich handle aus eigenem Antrieb und eben das macht mich frei.

Der bereits genannte Professor Opaschowski hat auch untersucht, in welchen Bereichen sich die Deutschen zur Zeit engagieren. 2/5 aller Deutschen helfen Verwandten oder Freunden und 30% helfen ihren Nachbarn. In Vereinen dagegen arbeitet nur jeder sechste Deutsche mit, und im sozialen Bereich ist es gar nur jeder 16., ebenso viele sind es in der Kirchen und der Gemeinde. Die Tätigkeit in Parteien und Gewerkschaften ist noch unbeliebter: da ist es nur jeder 30. In einem bemerkenswerten Aufsatz in der Süddeutschen Zeitung hat Jesuitenpater

Prof. Michael Bordt, Rektor der Münchner Hochschule für Philosophie, geschildert, daß im alten Athen ein Bürger daran gemessen wurde, in welchem Umfang er sich für die Gesellschaft engagierte. Zum Bürgersein gehörte dies zwingend dazu. Man mußte etwas tun, was für die Gemeinschaft wichtig und wertvoll war – sonst war man nach Auffassung der Athener kein wertvoller Mensch.

Heute dagegen gilt oft noch, wie bereits oben erwähnt, die Erwerbsarbeit als Maßstab für die Bewertung der Menschen. Wie geht es uns denn selbst: Stellen Sie sich vor, Sie lernen jemanden kennen. Spätestens die dritte Frage lautet dann: Und was machen Sie so? Und je nachdem, ob der andere sich nun als Universitätsprofessor oder als Müllfahrer zu erkennen gibt, fällt dann zumeist die Kurzbewertung des anderen aus. Seltsam – obwohl jeder von uns weiß, daß die Qualität der Persönlichkeit durchaus nicht vom erreichten Berufsfeld abhängt.

Andere Sprachen, zum Beispiel das Englische, unterscheiden sehr fein zwei ganz unterschiedliche Arbeitsbegriffe: „labour“ ist die auf das Einkommen gerichtete Arbeit, „work“ dagegen das „wertvolle Tätigsein“. Vielleicht kann das, was man mit „work“ tut, viel erfüllender und beglückender sein als die „labour“. Setzen wir an die Stelle von „labour“ die Begriffe Job und Karriere, so verbinden sich damit Vorstellungen von Pflicht und Geldverdienen. Geld und Vorwärtskommen sind denn auch häufig die vorherrschenden Motive des Erwerbslebens. Erfüllung – und damit auch Glück bringen uns dagegen Ziele, die es uns ermöglichen, als Persönlichkeit zu wachsen, zwischenmenschliche Beziehungen aufzubauen und der Gesellschaft zu nützen. Viele Menschen können diese in ihrem Beruf nicht leben. Ist es nicht eine herrliche Freiheit, jetzt ein solches selbstbestimmtes Leben zu starten? Wenn es mir zuviel werden sollte, kann ich ein solches Amt auch kurzfristig ablegen. Auch ein Stück meiner neuen Freiheit.

Professor Horst W. Opaschowski sieht in der Freiwilligenarbeit für die Zukunft ebenso einen Riesenbedarf wie auch ein Riesenpotential. Die Arbeit für die Familie und für Nachbarschaft und Gemeinde haben 2000 repräsentativ Befragte 2007 als nahezu gleichwertig mit der Erwerbsarbeit angesehen. Und 50% der Befragten hielten das Ehrenamt für eine Tätigkeit, mit der man im Leben etwas leisten kann. Noch 8 Jahre vorher waren es nur 41% gewesen. Diejenigen, die sich in einem Ehrenamt engagieren, tun dies vor allem deswegen, weil sie in diesem Engagement einen Sinn sehen und Spaß daran haben. Sinn in Verbindung mit Spaß – das ist keine schlechte Motivationsquelle!

Immer wieder höre ich von der Schwierigkeit, die es gibt, andere zu einer ehrenamtlichen Tätigkeit zu ermuntern.

Das typische Gegenargument: „Wie soll ich das denn noch machen? Ich habe sowieso keine Zeit."

Mit der Zeit ist es nun so eine Sache. Es scheint heute modern zu sein, keine Zeit zu haben. Und manch ein Ruheständler scheint besonderen Wert auf den Nachweis zu legen, daß er eben nicht zum alten Eisen gehört und furchtbar beschäftigt ist. „Gestern mußte ich mir Briefmarken kaufen und heute muß ich dringend zum Arzt, da kann ich eine zusätzliche Verpflichtung nicht auf mich nehmen". Das gleiche Phänomen gibt es übrigens auch bei Menschen, die noch nicht im Ruhestand sind. In der Wirtschaft habe ich einen erstaunlichen Grundsatz kennen gelernt: Wenn Du jemanden für eine Arbeit suchst, dann nimm den, der schon sehr stark beschäftigt ist. Denn der hat gelernt, seine Zeit möglichst rationell einzuteilen und da wird eine neue Aufgabe auch in den Zeitablauf einfach eingefügt. Das ist sehr ähnlich, wie mit einem reißenden Fluß: der nimmt eben auch noch locker einen Bach von der Seite mit auf den Weg zum Meer. Ebenso kennen wir auch das Phänomen, daß man sich nach der Beendigung einer größeren Aufgabe selbst fragt: Wie habe ich das eigentlich geschafft?
Nach dem Fall der Mauer habe ich mit meinen Mitarbeitern z. B. in Thüringen und Sachsen sehr viele Beratungen und Seminare für die selbstständigen Kaufleute durchgeführt. Die gab es ja auch zur Zeit des

real existierenden Sozialismus in der DDR, unter ihnen waren sehr viele tüchtige und auch erfolgreiche – für alle aber stellte sich die Frage, wie sie in dem rauhen, gnadenlosen Wettbewerb des Marktes bestehen könnten.

Wir hatten damals ein eigenes Büro in Sachsen, das reihum mit einem von drei Kollegen einmal in der Woche zu besetzen war, dazu kamen telefonische und schriftliche Anfragen. Die normale, tägliche Arbeit im eigenen Haus mußte aber weitergehen, denn unsere Kunden hätten kein Verständnis für Verzögerungen gehabt.

Es ging! Es ging auch mit einem hohen Maß an Euphorie für diese neue Aufgabe. Und unter dem zeitlichen Druck war man eben auch gezwungen, seine eigene Zeit noch besser und effizienter einzusetzen – und vielleicht weniger Wichtiges oder weniger Dringendes zurückzustellen. Echter Zeitmangel kann uns also nicht davon abhalten, uns zu engagieren! Und erst recht nicht nach dem Arbeitsleben.

Nehmen Sie also Ihr Herz in die Hand und erkundigen Sie sich, was es für gemeinnützige Aufgaben in Ihrer Gemeinde gibt. Vielleicht sind Sie ja auch in der Vergangenheit von Freunden oder Bekannten darauf angesprochen worden, ob sie nicht hier oder dort Lust haben, mitzuwirken.

Mindestens drei Vorteile gibt es für Sie selbst, ein Ehrenamt zu übernehmen:

Erstens
finden Sie in einer solchen Aufgabe eine neue
Herausforderung und vielleicht sogar eine
Erfüllung, wenn Sie anderen Menschen helfen.

Zweitens
lernen Sie dabei viele Menschen kennen,
nicht selten entwickeln sich hierbei auch
engere persönliche Bindungen
und

Drittens
lernen Sie damit, sich nicht ausschließlich
mit Ihren eigenen Problemen und
Problemchen zu beschäftigen.

Ja, und natürlich machen Sie damit auch anderen eine Freude – und die kommt zu Ihnen zurück!

Luitgard Jany

HELFEN HILFT!

Jetzt, da Sie mehr Zeit für sich haben, ist auch die Gelegenheit günstig, ein wenig davon für gute Zwecke abzuzweigen. Ob Sie Ihre Hilfe Menschen in der Nachbarschaft, in der Familie oder ehrenamtlich z.B. im Rahmen einer Wohltätigkeitsorganisation anbieten, liegt an Ihren Möglichkeiten und Interessen.
Doch alles, was Sie in dieser Hinsicht tun, hilft nicht nur anderen Menschen, sondern auch Ihnen.

So gab eine 3-jährige Langzeitstudie mit Frauen, die an Multipler Sklerose erkrankt waren, wichtige Aufschlüsse über die seelischen Effekte von freiwilliger Hilfe. Ein Teil der Frauen erhielt ein Training, in dem sie lernten, aktiv und mitfühlend zuzuhören, um andere Patienten psychisch aufzubauen. Ein anderer Teil der Patientinnen bekam in Gruppengesprächen Ratschläge, wie sie mit ihrer Krankheit besser umgehen können. Nach 3 Jahren waren die Patientinnen, die regelmäßig anderen Patienten seelisch beistanden, wesentlich glücklicher und zufriedener als diejenigen, die in der Gruppe Unterstützung erhielten. Die aktiv Helfenden hatten das Gefühl, etwas Sinnvolles zu tun. Sie erhielten häufig Dank und Anerkennung für ihre Hilfe. Sie verspürten mehr seelische

Ruhe und Ausgeglichenheit und weniger Langeweile, seit sie anderen Patienten halfen. Diese Ergebnisse wurden in anderen Untersuchungen bestätigt und lassen sich mit der Erweiterungs- und Aufbautheorie positiver Emotionen nach Fredrickson erklären. Diese Theorie besagt, daß positive Gefühle wie Freude die Gedanken und Handlungsspielräume eines Menschen erweitern.

Freiwillige Helfer eignen sich dadurch neue Kompetenzen an, die sie über ihren eigenen Tellerrand hinaus blicken lassen.

Dieses weniger ich-bezogene Blick- und Handlungsmuster erhöht die Chance für neues Glückserleben. Wenn Sie das Gefühl haben, auch jetzt im Ruhestand etwas Nützliches, Sinnvolles tun zu wollen, tun Sie es.

Denn:

Helfen hilft beiden.
Demjenigen, dem geholfen wird
und dem Helfer!

Kenntnisse aus dem Beruf weitergeben

KENNTNISSE AUS DEM BERUF WEITERGEBEN

Wissen: Die Brücke zur Jugend
• Was machen Senioren im Internet-Café? •
Kein Stroh im Kopf

Mit 61 Jahren trat mein Freund Paul in den Ruhestand. Paul war ein eingefleischter EDV-Mann. Eine Branche, in der der Jugendwahn sicherlich noch größer ist als in anderen Bereichen der Wirtschaft. Er hatte ein Angebot seines Unternehmens auf vorzeitigen Ruhestand angenommen. Als erstes gründete er ein eigenes kleines Beratungsunternehmen und führte Seminare und Einzelberatungen insbesondere für Menschen im fortgeschrittenen Alter durch. Er hatte durch manche Gespräche in seinem Bekanntenkreis festgestellt, daß jenseits der Fünfzig sehr viele Menschen überhaupt kein Verhältnis zum Thema EDV haben, andererseits aber die angebotenen Kurse einen Risikofaktor enthalten: Man könnte sich ja vor wildfremden Leuten schauderhaft blamieren, wenn man zugeben muß, etwas nicht zu verstehen. Bei Paul war das anders: Entweder konnte man sich im Einzelunterricht trainieren lassen oder aber in einer Kleingruppe, deren Mitglieder man zumeist kannte. Paul wurde mit dieser Tätigkeit nicht reich, seine Versorgung war ja auch durch die Rente und eine Betriebsrente gut gesichert. Wenn es ihm zu viel wurde, verknappte er seine Zeit – denn seine Hobbys wollte er damit nicht preisgeben. Als der Bekanntenkreis EDV-fit war, ging er freiwillig und umsonst in eine Grundschule und machte dort die Kinder mit EDV-Grundkenntnissen vertraut. Mit den eigenen Kindern und Enkelkindern hatte er bereits Erfahrungen, und seine kleine Enkeltochter war immer besonders stolz, wenn Opa in ihrer Klasse Lehrer spielte.

Inzwischen hat Paul wieder sein Tätigkeitsgebiet geändert: Jetzt betreut er ein Internet-Café in einem Seniorenheim. Gerade, wenn die Beweglichkeit gering ist, stellt die EDV ja auch mit ihrem Anschluß an das internationale Netz einen Schlüssel zur Außenwelt dar. Immer mehr alte Menschen nutzen heute diese Brücke – und Paul ist jetzt der Brückenbauer.

Ich bin sicher, in zwei Jahren hat Paul wieder eine neue Aufgabe gefunden. Das ist das Schöne: Ist man erst einmal bei einer Aufgabe, dann ergeben sich ohne eigenes Zutun daraus immer wieder weitere. Und jede fordert einen neu, jede bringt neue, spannende Erlebnisse.

Bei mir ist es insbesondere die berufliche Fortbildung, die mich schon mein ganzes Berufsleben begleitet hat. Der

Kontakt mit der Jugend ist eine Herausforderung, aber so behalte ich auch gleichzeitig über die Verbindung zu den eigenen Kindern hinaus, ein Gespür für das Denken, die Wünsche, die Sorgen und Probleme der jungen Menschen.

Übrigens: Ich bin begeistert davon, wie viele junge Menschen neben ihrer Arbeit noch unter Opfern an Zeit und Geld ein anstrengendes Abendstudium absolvieren. Auch hier hilft mir dieser ständige Kontakt, die Gesellschaft besser zu verstehen und offen zu bleiben für Neues. Spannend war es immer. Zu Anfang waren meine „Schüler“ sogar gelegentlich älter als ich selbst gewesen, sie hatten obendrein eigene spezielle Erfahrungen, die ich nicht besaß. Das hat mich frühzeitig gelehrt, dieses Wissen mit zu nutzen, und weniger als „Lehrer“ denn als Moderator aufzutreten. So etwas fordert natürlich auch, vor jedem Seminar sein Wissen immer wieder aufs Neue rundum zu aktualisieren. Und das wiederum kam denn auch mir selbst im Beruf zugute.

Was mir dabei auch besonderen Spaß bereitete: Ich habe selbst eine Menge von den Studenten gelernt. Mit zunehmendem Alter wurde es dann auch immer wichtiger, das Denken der jungen Menschen aufzunehmen. Es macht mir große Freude, nicht nur Faktenwissen aus Lehrbüchern weiterzugeben, sondern die eigenen Erfahrungen mit einzubringen, also „Butter bei die Fische!“.

In meiner Berufszeit tat ich dies zuweilen „mit hängender Zunge“. Jetzt genieße ich die Möglichkeit, nicht nur Seminare intensiver vorzubereiten, ich fahre auch in größerer Ruhe hin und stimme mich darauf ein.

Freilich – die Zeit für solche Tätigkeiten ist endlich, und ich möchte kein Lehrer werden, der nur aus den Büchern ein blasses Wissen bezieht. Spannend ist es nur dann für die Studenten, wenn hinter dem Lehrstoff das pralle Leben steht! Wenn man nicht den laufenden „input“ hat, lebt man allmählich nur noch von der Substanz – und das sollte man als Lehrender nicht tun.
Deshalb wird es auch hier wieder darauf ankommen, rechtzeitig zu gehen!

Daß dabei ein paar Euro zusätzlich hereinkommen, ist eine angenehme Begleiterscheinung. Davon jedoch sollte man sich nicht zuviel versprechen. Immerhin: Wenn ich an der Uni als Lehrbeauftragter vier Stunden Vorlesung gehalten habe, kann ich von dem Geld mein Auto eine Stunde in die Werkstatt schicken. Das ist ja auch schon etwas, oder?

Oswald Schafbauer, der Maurer, wendet seine Kenntnisse nutzbringend im eigenen Haus an und hilft oft seinem Sohn bei handwerklichen Aufgaben. Und wie er machen es fast alle seine ehemaligen Arbeitskollegen. Zuweilen löst er auch als hilfsbereiter Nachbar kleine Probleme. Aber alles, was er jetzt macht, macht er im selbstbestimmten Tempo. In der Firma, so sagt er mir, galt immer die Devise: „Voll Stoff“. Jetzt bestimmt er selbst, was er machen will und wie er es macht.

Damit wird aus dem Streß Entspannung!

”

Man sollte jeden Tag
etwas gute Musik hören,
ein schönes Gedicht lesen,
ein schönes Bild ansehen und
– wenn möglich –
ein paar verständige Worte
reden.

”

Johann Wolfgang von Goethe

ENDLICH ZEIT FÜR HOBBYS

„wenn ich einmal Zeit habe" • Neue Hobbys zulegen?
• Hobbys als alleiniger Lebensinhalt? •
Können wir aus unserer Haut schlüpfen?

Wenn ich einmal richtig Zeit habe, dann fange ich das Reiten an – oder das Briefmarkensammeln – oder, oder, oder... Wer von uns kennt nicht solche großartigen Vorsätze. Zumeist haben sie den gleichen Stellenwert wie der des Rauchers, der ab... hundertprozentig und vollständig mit dem Rauchen aufhören wird!

Also: Erich war der mit dem Briefmarkensammeln. Drei Monate nach Eintritt des Ruhestands traf ich ihn auf der Straße. „Na, was machen die Briefmarken?" „Oh, hochspannend, das ist eine Wucht! Na ja, so richtig dazugekommen bin ich noch nicht, aber ich weiß jetzt ein top Geschäft, wo man mich spitzenmäßig berät! Da will ich in den nächsten Tagen mal vorbeigehen."

Zwei Monate später die gleiche Frage: „Ja, bisher bin ich noch nicht dazu gekommen, aber Interesse habe ich noch." Und so versickert die Jagd nach der Blauen Mauritius so ganz allmählich im Ozean des Alltags, in dem immer ein paar Torpedo-U-Boote geradezu darauf lauern, die guten, neuen Vorsätze abzuschießen!

Sie können sich entscheiden, ob Sie mit dem Ruhestand etwas ganz Neues beginnen oder an das Bestehende anknüpfen wollen. Das eine ist vielleicht spannender und verschafft total neue Perspektiven. Das andere geht vom Vertrauten aus und damit ist der Einstieg nicht so schwer. Derjenige, der Musik macht, wird sich wohl damit leichter tun, jetzt noch ein weiteres Instrument zu lernen oder in einem Chor zu singen. Dieses Hobby läßt sich auch besonders gut zu zweit ausüben, und das ist dann besonders schön. Meine Frau und ich haben dies neulich schon einmal ausprobiert. Es hat Spaß gemacht. In meiner Heimatstadt lese ich jetzt immer wieder von Chören, die Nachwuchs suchen. Na ja, streng genommen gehören wir ja nicht mehr zum Nachwuchs und werden niemals Preisträger von Jeunesses musicales..., aber es gibt viele Chöre, bei denen jeder, der Freude am Singen hat und einen Ton halten kann, willkommen ist.

Seit langer Zeit mache ich schon Musik, ich spiele Posaune in einem Freundeskreis, der nur zur eigenen Freude spielt. Herrlich, wenn man nicht um jeden Preis Leistung erbringen muß! Wenn wir falsche Töne spielen (und die gibt es zuhauf!) freuen wir uns daran genauso, wie wenn es einmal richtig schön klingt. Dieses Hobby habe ich problemlos in mein neues Leben hinüber genommen. Jetzt komme ich endlich dazu, deutlich mehr zu üben – und siehe da:

Ganz neue Erfolgserlebnisse tun sich auf!

Vor einiger Zeit habe ich mit früheren Klassenkameraden zusammen unsere damalige Dixieland-Band wieder reaktiviert. Revival sagt man ja jetzt dazu. Zugegeben, auftrittsreif sind wir noch nicht. Aber es macht einen Heidenspaß, zumal unsere Proben natürlich auch immer wieder von Anekdoten über Schüler und Lehrer unterbrochen werden...

Wer bisher läuft, der kann problemlos noch das Schwimmen hinzufügen oder endlich das Sportabzeichen machen, das er schon so lange machen wollte. Kurzum, es bedarf gar keiner großen Phantasie, um von einem Hobby auf das nächste zu kommen.

Aber damit sind wir schon beim nächsten spannenden Thema!

Wenn wir das Wort „Bildung" hören, dann fällt uns meistens nicht viel Gutes ein. Wir denken an Pisa, an die vielen Bildungsreformen, die sich dann oftmals doch nicht als das Gelbe vom Ei erwiesen haben, an die Bachelor- und die G12 – Diskussion und vor allem an furchtbar viel Streß. Aber damit ist jetzt Schluß. Jetzt **dürfen** wir etwas für die Bildung tun, und die Angebote hierfür sind riesig. Ein Bekannter von mir hat nach seiner beruflichen

Karriere als Hochschullehrer und Chefarzt seinen Traum verwirklicht und nicht nur mit ausgezeichnetem Erfolg ein volles Studium in Kunstgeschichte absolviert, sondern sogar noch promoviert!

Der Maurermeister mit einer früher sehr anstrengenden täglichen Arbeit genießt es nunmehr, sich mit ausgiebigem Studium führender deutscher Zeitungen neue Wissensgebiete zu öffnen. Ich hatte einen Verwandten, der nach seinem Berufsleben als Chef eines mittelständischen Industrieunternehmens „Nachhilfeunterricht" bei einem Konditor nahm und dann für seine Torten berühmt wurde, die jedes Familienfest zierten.

Gemeinsam ist allen: Mit dem Lernen ganz neuer Dinge, die überhaupt nichts mit ihrer früheren Tätigkeit zu tun hatten, erschlossen sie sich auch neue Welten.

Nach dem vorher bereits zitierten Professor Opaschowski sehen 71% der Bundesbürger die Bildung als eine Voraussetzung dafür an, daß man glücklich und zufrieden leben kann.

Bildung ein Teil der Lebensqualität

– wer also etwas für seine eigene Bildung tut, der lebt damit auch glücklicher und zufriedener. Wir sprechen ja

immer von der Notwendigkeit, lebenslang zu lernen – warum soll damit bei Ausscheiden aus dem Berufsleben Schluß sein? Im Gegenteil, jetzt können wir dies erst recht unabhängig von der Frage tun, ob wir damit etwas verdienen oder ob es für unseren Beruf notwendig ist.
Für manch einen, der früher nicht die Möglichkeit zum Lernen gehabt hat – wissen Sie noch, wie undurchlässig unser Bildungssystem noch vor wenigen Jahren war? – bietet sich jetzt die Chance, wenigstens etwas nachzuholen. Obendrein ist auch dies wieder eine Möglichkeit, Menschen kennenzulernen und neue Bindungen zu knüpfen.

Ich habe mir mein Fach schon ausgesucht, in dem ich etwas für meine Bildung tun will – im Augenblick bleibt es allerdings beim Klavierunterricht. Seit einigen Monaten übe ich wieder! Lassen Sie sich nicht einreden, daß das Musizieren nur in frühester Kindheit begonnen werden kann.

Was Hänschen nicht gelernt hat,
kann Hans noch nachholen!

Freilich – ich darf mich nicht mit Hänschen messen wollen, bei dem vielleicht das Lernen schnellere Fortschritte macht.
Das müssen Sie auch gar nicht – Sie stehen ja mit niemandem im Wettbewerb!

Hobbys sollten auch weiterhin Hobbys bleiben

– und nicht in verzweifelte, verkrampfte Arbeit ausarten. Sie sind eigentlich **zweck–los**. Ein Hobby – gerade, wenn man in fortgeschrittenem Alter ist – dient nur der eigenen Persönlichkeit, der Freude und dem eigenen Wohlbefinden. Das muß nicht ausschließen, daß man vielleicht auch andere gelegentlich daran teilhaben läßt! Und sie dienen in besonderer Weise dazu, eigene Träume zu verwirklichen.

Zwölf Städte in Schleswig-Holstein haben sich zu einer Kooperation zusammengeschlossen und bieten Städtereisen mit ungewöhnlichem Programm an:
Zum Beispiel als Kapitän eines Raddampfers auf dem Nordostsee-Kanal auf der Brücke stehen, wie Jim Knopf den Lokomotivführer spielen oder eine Rolle als Stuntman annehmen!

Warum also nicht auch einmal etwas Verrücktes machen?
Wann denn, wenn nicht jetzt?

Luitgard Jany

KÖNNEN WIR AUS UNSERER HAUT SCHLÜPFEN?

Kennen Sie das auch?

Gute Vorsätze – vorzugsweise zum Jahresbeginn – leise oder auch lauthals verkündet, gehen ganz schnell wieder verloren. Wir sind schneller als wir es selbst verstehen, wieder im alten Trott. Schon relativ unbedeutende Vorsätze (z.B. Schuhe putzen einmal wöchentlich) sind innerhalb kürzester Zeit vergessen. Parallel zu dieser Erfahrung stellen sich gerade in der Lebensmitte und zum Berufsende hin viele Menschen die Frage:

„Soll mein Leben immer so weiter gehen? Kann ich nicht etwas ganz anderes machen?"

Anders formuliert heißt die Frage: „Kann ich mich so verändern, daß ich etwas ganz Neues beginne und es auch beibehalte und genieße?"

Die Psychologen Brent Roberts und Wendy DelVeccio haben 152 wissenschaftliche Studien, die sich mit den Veränderungs- und Entwicklungsmöglichkeiten von Menschen beschäftigten, ausgewertet. Sie stellten zusammenfassend fest, daß zwischen 40 und spätestens 50 Jahren die Persönlichkeit des Menschen ausgereift ist und die Lebensweise dem jeweiligen Charakter- bzw. Persönlichkeitstyp entspricht. Generelle Unterschiede in der Entwicklung von Mann und Frau sind nicht feststellbar.

Lediglich die emotionale Stabilität ist bei Frauen im Alter höher als bei Männern. Diese Ergebnisse gelten überraschenderweise auch in vollständig unterschiedlichen Kulturen und Lebensweisen.

Sind wir also mit 50 Jahren festgelegt?

Ja und nein lautet die Antwort.

Ja.
Wir sind in diesem Alter festgelegt, was die Grundstruktur unserer Persönlichkeit ausmacht. Selbst einschneidende Lebensereignisse wie Scheidung, schwere Erkrankung, Geburt eines Kindes verändern in der Regel unsere Persönlichkeit über einen längeren Zeitraum nicht. Zu diesem Befund kam kürzlich auch eine aufwendige Studie mit Zwillingspaaren an der Universität Bielefeld.

Nein.
Wir können uns ändern und entwickeln uns auch jenseits der 50. Zu beachten ist: Schrittchen für Schrittchen vorangehen und nicht zu viele Dinge auf einmal ändern wollen. Eigene Bedürfnisse erkunden und umsetzen und nicht Erwartungshaltungen anderer erfüllen wollen.

Als Mentor, Helfer, Unterstützer für andere wirken und nicht aus Ich-Bezogenheit heraus handeln. Vollziehen Menschen im Ruhestand extreme Kehrtwendungen in ihrem Lebenswandel, sind grundsätzlich zwei Ausgänge denkbar:

Es klappt nicht,

da die Kehrtwende nicht unserer Persönlichkeit entspricht.

Es klappt.

In diesem Fall hat offenbar der Mensch in seiner aktiven Berufszeit permanent seine Persönlichkeit verleugnet. Er lebte in einem Umfeld, zu dem er nicht paßte. Das Märchen vom häßlichen Entlein erzählt eindrucksvoll und anrührend eine solche Kehrtwende, die als gelungene Suche nach dem eigentlichen Selbst gedeutet werden kann.

Das häßliche Entlein versuchte unter Anpassung, Anstrengung und Verleugnung seines Wesens, sich den Enten anzupassen. Erst als es von den Enten verstoßen worden war, erkannte es sein wahres Selbst:

Das häßliche Entlein war in Wirklichkeit ein schöner Schwan! ■

Fit wie ein alter Turnschuh! KLAVINIUS

FIT WIE EIN ALTER TURNSCHUH

Dein Körper ist auch eine Visitenkarte • Im Sport verbinden sich Generationen • Muckis machen unabhängig • Auch Spinnen ist erlaubt! • Fitness im Alltag • Wandern und Radfahren • Mythos 5: Ruhestand = Gebrechlichkeit • Aktivität macht glücklich

Forever young?

Vor einigen Jahren machten zwei Ärzte in Deutschland als Laufpäpste Furore, zuerst gemeinsam und später jeder für sich. „Young forever“ bzw. „Forever young“ lauteten die Titel der von ihnen verfaßten Bücher. Eine faszinierende Perspektive: laufend dem Alterungsprozeß ein Schnippchen schlagen und ewige Jugend erlangen!

Die Reklamationen bevölkern inzwischen manche Friedhöfe. Nein, mit ewiger Jugend ist das wohl nichts und wird das auch wohl nichts werden. Und doch: Bei nicht wenigen Menschen hat das Selbstbewußtsein auch etwas mit der eigenen körperlichen Verfassung zu tun. Und es ist eine Binsenweisheit, daß sich dafür einiges tun läßt. Ich selbst gehöre zu jenen Typen, die Sie immer wieder auf unseren Feldern und in unseren Wäldern treffen, wenn sie, die einen locker und fröhlich, die anderen eher mit hängender Zunge, bergauf, bergab, schweißtriefend die Wege bevölkern.

Nun, genau diese zweite Methode ist falsch, und zwar ebenso für Alte wie für Junge. Inzwischen gibt es so viel Laufliteratur, daß ich dieser an dieser Stelle keine neue hinzufügen möchte. Alle aber sind sich einig: Ideal ist ein Lauftempo dann, wenn man sich dabei noch locker unterhalten kann.

Mit dem Laufen können Sie in jedem Alter beginnen. Sie sind unsportlich? Sie haben Ihren Churchill auswendig gelernt: No sports? Egal, probieren Sie es einfach einmal aus. Wenn Sie noch nie gelaufen sind: Kaufen Sie sich ein paar gute Laufschuhe in einem guten Fachgeschäft, in dem Sie eine erstklassige Beratung bekommen. (Das ist für Sie das wichtigste!) Irgendeine geeignete Hose und ein T-Shirt werden Sie ja wohl noch in Ihrem Fundus haben. Sie müssen sich nicht stylen wie ein Papagei.

Und dann starten Sie einfach mit dem berühmten Indianertrab: 200 m laufen – 200 m gehen – 200 m laufen usw.... Wenn Ihnen 200 m zu viel auf einmal sind, dann machen Sie halt erst einmal 100 m. Morgen ist auch noch ein Tag!

Eine Regel möchte ich Ihnen aber gern ans Herz legen: Bleiben Sie jetzt dabei, also gleich morgen weitermachen! Und dann werden Sie nach ganz kurzer Zeit merken, daß Sie nach den 200 m noch gar nicht das Bedürfnis haben, stehen zu bleiben, sondern Sie laufen einfach weiter, 300 m oder 400 m.

Beherzigen Sie auch hier, was der berühmte frühere Wirtschaftsminister Ludwig Erhard einmal sagte:

„Maß halten!“

Damit Sie sich nicht zuviel vornehmen, sage ich Ihnen jetzt: Sie werden kein Weltmeister mehr! Sie müssen sich oder anderen gar nichts beweisen. Sie dürfen aber jedes Mal ein neues Stück an sich selbst entdecken, das Sie bisher noch nicht gekannt haben. Sie schaffen etwas, was Sie sich vorher niemals zugetraut hätten. Suchen Sie sich eine schöne Strecke aus, und Sie merken, wie der Wind um Ihren Körper streicht, wie jeden Tag die Sonne ein anderes Licht gibt, wie das Heu duftet und die Lerchen jubeln (tatsächlich schimpfen sie über diesen Typen, der gerade über ihren Acker trabt!)

Wenn Sie dies alles nicht spüren, dann schreiben Sie mir bitte einen Brief oder eine Mail und dann bringe ich Ihnen persönlich den Kaufpreis dieses Buchs vorbei.

Aber vorher laufe ich mit Ihnen eine Runde!

Berthold Jany

MYTHOS 4: RUHESTAND = GEBRECHLICHKEIT WAS BEWEGUNG IN UNS BEWIRKT

Wenn das Thema Alter aufkommt, trifft man oft auf die Meinung, daß dies eine Lebensphase sei, die durch Schwäche, Krankheit und Verfall gekennzeichnet ist.

Umfragen unter jüngeren Menschen zeigen, daß die Zahl der Menschen über 65, die in Heimen leben und auf fremde Hilfe angewiesen sind, grotesk überschätzt wird.

Eine im Jahr 2004 veröffentliche Studie an 9000 Kanadiern[7] über 65 Jahren hat Erstaunliches gezeigt: „gebrechlich" waren 70 von 1000 (7%) im Lebensjahrzehnt zwischen 65 bis 74 Jahre. Das heißt umgekehrt: 93% waren **nicht** gebrechlich.
Im nächsten Lebensjahrzehnt zwischen 75 und 84 Jahren waren 17,5% gebrechlich und von den Menschen über 85 waren 36,6% gebrechlich.
Als „sehr gebrechlich" galten jedoch nur 1,2% von allen 9000 Probanden und selbst bei den über 85-Jährigen fallen nur 4,4% in diese Kategorie.

Aber noch ein weiteres hochinteressantes Ergebnis hat diese sorgfältige Untersuchung gezeigt: 17,1% dieser Menschen über 65 wurden als körperlich „sehr fit" bezeichnet!

Es sind also beim Thema Alter viele Stereotype am Werk, die meistens negative Inhalte aufweisen. Natürlich gibt es die mit dem Alter zunehmenden körperlichen Einschränkungen. Selbstverständlich haben mehr Menschen im Alter mit den Folgen chronischer Krankheiten zu kämpfen. Multimorbidität, also das Auftreten mehrerer oder vieler Erkrankungen gleichzeitig bei einem Patienten, wird im Alter deutlich häufiger. Nur das Ausmaß wird häufig überschätzt.

Noch häufiger wird jedoch unterschätzt, daß man dagegen etwas tun kann. Und das ist eine sehr gute Nachricht.
Wir sollten uns deshalb ein wenig mit der Rolle von Sport, oder besser: körperlicher Aktivität für ein gutes Altern beschäftigen.

Es ist inzwischen eine Binsenweisheit, daß große Volkskrankheiten wie die Koronare Herzerkrankung, die zu Herzinfarkt und chronischer Herzmuskelschwäche führen kann, und die Zuckerkrankheit (Diabetes mellitus Typ II) bei Menschen, die körperlich aktiv sind seltener auftreten und auch seltener zum Tode führen. Gleiches gilt auch für bestimmte Krebsarten wie zum Beispiel Brustkrebs. Aber auch andere Erkrankungen wie der Schwund von Knochensubstanz (Osteoporose), Übergewicht und allgemeiner Funktionsverlust im Alter sind bei körperlich aktiven Menschen seltener.

In der Cardiovascular Health Study konnte in den USA an 5201 Menschen, darunter 685 Männer und Frauen, die älter als 65 Jahre waren, gezeigt werden, daß ein eher sitzender Lebensstil einer der wichtigsten Risikofaktoren für die Sterblichkeit in dieser Gruppe war. Aber nicht nur die körperliche Fitness und die Widerstandsfähigkeit gegen Krankheiten werden durch Sport und körperliche Aktivität gestärkt: auch die geistige Leistungsfähigkeit wird dadurch positiv beeinflußt!

Eine große Studie an fast 19 000 Krankenschwestern in den USA im Alter von 70 – 81 Jahren hat bei körperlich Aktiven eine deutlich höhere geistige Funktionsfähigkeit gezeigt. Aspekte davon sind zum Beispiel Gedächtnisleistungen, Aufmerksamkeit, Konzentrationsfähigkeit und geistige Reaktionsschnelligkeit. Auf alle diese Parameter hat körperliche Aktivität einen positiven Einfluß. Selbst Schlafstörungen, die ebenfalls nicht selten im Alter durch eine Verschiebung und Veränderung des Tagesrhythmus (circadianer Rhythmus) auftreten, kommen bei körperlich Aktiven seltener vor.

Nun stellt sich die Frage: Wie viel Sport soll es denn sein? Sollen alle ab 65 in Fitneßstudios schwitzen, Marathon laufen oder plötzlich für sie ungewohnte Aktivitäten ausüben?

Natürlich nicht. Wer immer schon fit war, Marathon lief oder Sport regelmäßig getrieben hat, sollte dies auch weiter tun, solange er daran Freude hat. Das Ausmaß an empfehlenswerter Belastung hängt aber sehr davon ab, was man erreichen möchte. So muß die Häufigkeit, Dauer und Intensität der körperlichen Aktivität sehr viel höher sein, wenn man Gewicht verlieren möchte, im Vergleich zu der erforderlichen Aktivität, um Herz-Kreislauf-Erkrankungen, der Osteoporose oder einem Gedächtnisabbau vorzubeugen.

Anders gesagt: Um den Zuständen im Alter entgegen zu wirken, vor dem alle Jüngeren so viel Angst haben, braucht es nicht viel:

Keine Höchstleistungen,
kein Marathon ist erforderlich!

Die meisten Experten sind sich einig, daß 30 Minuten körperliche Aktivität pro Tag an den meisten Tagen der Woche hier ausreichend ist! Das heißt: Gehen, die Treppe nehmen, Radfahren oder Gartenarbeit. Das allein schafft oder erhält bereits unsere Gesundheit.
Erstaunlich?

Das ist es dann nicht mehr, wenn man sich vorstellt, daß noch 1999 in den USA 51% der über 65-Jährigen gar keine oder nur eine minimale körperliche Aktivität zeigten! Es mag sich in den letzten 10 Jahren etwas geändert haben, aber die Zunahme von Fettsucht und der häufig damit verbundenen Krankheiten spricht dagegen. Da sind die 30 Minuten täglicher Aktivität schon ein Quantensprung!

Leider wird die Häufigkeit eines aktiven Lebensstils (hier im körperlichen Sinne) auch im Alter zunehmend eine Frage der Bildung, des Einkommens und der gesellschaftlichen Schichtzugehörigkeit. Je weniger Ausbildung und Bildung, desto weniger körperlich aktiv; das gilt auch nach dem Ruhestand. Auch das unmittelbare Umfeld spielt hier eine wichtige Rolle: Freunde, Partner, die Sport oder zumindest körperliche Aktivität „gut finden" oder selbst betreiben, helfen ausgesprochen viel mit, einen bewegungsorientierten Lebensstil zu pflegen.

In Deutschland tut sich etwas: die „Generali Altersstudie 2013"[8] hat bei einer Befragung von über 4000 Menschen im Alter von 65 bis 85 Jahren ergeben, daß 37 % mindestens einmal pro Woche Sport treiben, 21 % mehrmals und 44 % gelegentlich. Bei den 75- bis 79-Jährigen ist jeder dritte regelmäßig sportlich aktiv und bei den 80- bis 85-Jährigen treibt nach dieser Untersuchung jeder fünfte „Sport" (was immer man auch darunter verstehen mag).

Bestätigt werden diese Ergebnisse durch die sehr sorgfältigen Untersuchungen des Robert-Koch-Instituts 2013[9]: Heute treiben besonders in den höheren Altersgruppen von 60 bis 69 Jahren signifikant mehr Menschen regelmäßig Sport als noch vor 10 Jahren. Besonders die Frauen haben hier nachgezogen. Dieser positive Trend spiegelt wohl das gesteigerte Gesundheitsbewusstsein dieser Altersgruppen wider. Vielleicht finden auch die vermehrten Angebote wie Walkinggruppen oder Rehabilitationssport einen größeren Anklang und tragen so zur vermehrten körperlichen Aktivität im Alter bei.

Untersuchungen haben auch gezeigt, daß nicht so sehr die aktuelle Aktivität wichtig ist (die auch), sondern die „kumulativen" lebenslangen Aktivitätsmuster entscheidend sind zur Vorbeugung gegen Krebs, Osteoporose, Übergewicht.

Ist also für den, der noch nie aktiv und sportlich war, nach dem Ruhestand alles zu spät?

Wieder falsch. Denn:

Es ist nie zu spät,

mit den magischen „30 Minuten täglich an den meisten Tagen der Woche" anzufangen. Jeder kann das und der Nutzen ist enorm. ■

Ja, und dann gibt es noch die ganz Verrückten, denen das normale Traben nicht reicht und die sich irgendeinem der weltweit Tausenden von Marathonläufen anschließen. Bevor jetzt die Läufer unter Ihnen schimpfen – ich gestehe: ich bin selbst einer, und das seit 24 Jahren!

Bevor Sie in einen solchen Wettbewerb einsteigen (ein Drittel der Läufer sind heute schon Frauen!), sollten Sie vorher ein Gespräch mit Ihrem Arzt führen. Denn solch ein Lauf geht an die Grenzen des Körpers, er ist alles andere als ein lockeres Event, er verlangt eine sorgfältige Vorbereitung. Diejenigen, die dieses Gebot mißachten, bevölkern neuerdings unsere Krankenhäuser – und manchmal reicht es nicht einmal mehr dazu... Andererseits gibt es heute unter den 70- Jährigen etliche Läufer mit hervorragenden Zeiten. Der älteste Marathonteilnehmer gar war nach einer Aufstellung, die ich vor Jahren einmal fand, 96 Jahre alt.

Wie das Laufen, so stellen auch Schwimmen oder Radfahren keine besonderen Ansprüche an die Ausstattung. Und Sie brauchen auch keinen Partner.

Egal, welchen Sport Sie treiben:
tun Sie etwas!

Das Schöne am Ausdauersport ist: Sie merken den Effekt sehr schnell im Alltag. Kaum etwas verändert so sehr Ihr ganzes Leben, 24 Stunden am Tag! Und ganz nebenbei knüpfen Sie über den Sport auch Kontakte zur jüngeren

Generation. Sogar Jugendsünden wie das Rauchen können mit Sport in fortgeschrittenem Alter zumindest teilweise noch ausgewetzt werden! Womit ich als leidenschaftlicher Nichtraucher keinesfalls für das Rauchen werben wollte....

Vergessen sollte man keinesfalls die vielen Mannschaftssportarten. Sie haben obendrein denVorteil, daß sie Geselligkeit und Bindungen zu anderen schaffen. Ich selbst bin hierfür absolut untalentiert – da hat es eben nur zum Laufen gereicht.

Wer nun aber damit, oder mit Tennis, Golf oder Schwimmen und anderen Sportarten so gar nichts am Hut hat – für den ist sicherlich das Wandern eine vielseitige und erfüllende Sportart. Es gibt herrliche Wege in der ganzen Welt! Fangen Sie einfach in Ihrer Umgebung an.

”

Tu Deinem Leib
etwas Gutes,
damit die Seele Lust hat,
darin zu wohnen.

”

Theresia von Avila

Luitgard Jany

AKTIVITÄT MACHT GLÜCKLICH!

Nicht wenige von Ihnen werden, wenn Sie ihren Träumen vom glücklichen Ruhestand nachhängen, von Aktivität, von Reisen, Umzug in südliche Gefilde, Studium, Gartenhäuschen bauen und ähnlichen Aktivitäten träumen.

Eine kürzlich erfolgte Befragung am Institut für Demoskopie in Allensbach ergab, daß **Menschen jenseits der 60 häufig zufriedener sind als jüngere.** Das liegt nach Angaben der Forscher wesentlich an „der Möglichkeit zur Aktivität, der Entfaltung eigener Kräfte". Dr. Wilhelm Haumann, der Leiter dieser Untersuchung war über diese Untersuchungsergebnisse erstaunt. Sie widersprechen dem Klischee vom unzufriedenen, passiven älteren Menschen.

Doch hier schließt sich der Kreis. Denn was bedeutet Aktivität eigentlich? Aktivitäten sind absichtsvolle Bemühungen auf ein gewünschtes Ziel oder eine Erfahrung hin. **Wir wissen, daß nur Aktivitäten, die zu den Werten und Interessen einer Person passen, zu Zufriedenheit und Glückserlebnissen führen. Ältere Menschen im Ruhestand haben die Freiheit erreicht,**

die zu ihnen passenden Aktivitäten jenseits von Zwang und Routine auszuwählen und auszuüben.

In einer Untersuchung zur Glücksforschung beschrieben 2000 Kanadier, die durchschnittlich 75 Jahre alt waren, sich als eher sehr glücklich. Das Spektrum ihrer täglichen Aktivitäten war breit gefächert: 90% lesen regelmäßig, über 80% besuchen Angehörige und Freunde, 60% arbeiten in Haus und Garten, die Hälfte geht einem handwerklichen Hobby nach und 30% einem künstlerischen.

Auch die Genfer Altersstudie zeigte ähnliche Ergebnisse. Mit Ausnahme der Gesundheit stuften die 65 – 79-Jährigen ihre Zufriedenheit in verschiedenen Lebensbereichen höher ein als die 50 – 64-Jährigen. 46% sagten, daß der Ruhestand ihr Wohlbefinden verbessert habe. 17% erlebten keine Veränderung, 37% eine Verschlechterung. Vor allem diejenigen erlebten nach dem Eintritt in den Ruhestand eine Verschlechterung ihres Wohlbefindens, die es gewohnt waren, dominant nach außen zu agieren. Ein schönes Fazit also:

Im Ruhestand bleiben Menschen mehrheitlich zufrieden und glücklich, denn sie leben selbstbestimmt ihre Träume.

Über 65-Jährige erleben sich sogar zufriedener und glücklicher als Jüngere.

Diese Ergebnisse lassen sich mit zwei Theorien erklären:

- **der gerontologischen Aktivitätstheorie**

Aktivität, Leistung und die Notwendigkeit, gebraucht zu werden sind die Voraussetzung für glückliches Altern

- **und der Disengagementtheorie**

Ruhe, Rückzug und Verringerung der Aktivitäten sind Voraussetzung für glückliches Altern.

**Die Konzentration
auf das persönlich Wesentliche und
das gleichzeitige Wegfallenlassen des
Unwichtigen macht ältere Menschen
zufrieden und glücklich.**

DIE KREATIVITÄT WIEDERFINDEN

Die Kreativtöter Schule und Beruf sind vorbei • Behalte Deine Neugier! • Erinnern an frühere Träume • Träume werden wahr

Kreativität ist eine Fähigkeit, die man von vielen Mitarbeitern verlangt. Wir haben sie in Masse als Kleinkind. Wir haben sie auch noch im Kindergarten. Aber spätestens mit der Schule wird sie uns zumeist gründlich ausgetrieben. Und im Berufsleben, da gibt es nur noch wenige, die Kreativität entwickeln und sie ausleben können.

Ich weiß noch, wie ich einmal in der Marketingabteilung eines Konzerns unheimlich kreativ war... Mein Chef hat mich dann mit der Bemerkung: „Und solch ein Quatsch kommt von meinem Assistenten" ganz schnell auf den Boden der Tatsachen zurückgeholt.

Neidvoll schauen wir auf die kleinen Kinder, die aus Legosteinen ihre Türme bauen, rums, da fällt er um. Kein Frust, keine Enttäuschung, nur ein Neubeginnen, ein Ausprobieren, ob es vielleicht einen besseren Weg gibt. Als Vater oder als Opa hat man da spätestens die Gelegenheit, sich gegen alle Konventionen der Länge nach auf den Boden zu legen und nun mit dem oder der Kleinen gemeinsam zu bauen, nicht mit einem Plan, der zeigt, wie man es „richtig“ macht, sondern mit dem Treiben lassen, dem spielerischen Finden. Spätestens dann, wenn man so in dieser ungewohnten Haltung neben diesem kleinen Wesen liegt, verläßt man auch die alten Denkpfade. Ich muß allerdings zugeben, daß sich jedes zweite Mal meine Denkpfade in unendliche Weiten auflösten, weil ich da eingeschlafen bin. Für das kleine Würmchen nebenan ein willkommener Anlaß, die Steine nunmehr über meinem Haupt auszuschütten! Fortan wußte ich, wie ich Freude verbreiten konnte.

Im übrigen sind Kreativitätstechniken wie das Brainstorming, die Methode 635 oder auch eine gut durchgeführte Moderation nicht das Schlechteste. Einschlägige Literatur finden Sie hierzu in jeder Buchhandlung. Sie hilft auch dabei, wenn Sie die die hier erwähnten Anregungen in Ihre eigene Lebenspraxis umsetzen wollen.

Wenn man mich heute nach der wichtigsten Eigenschaft einer Führungskraft fragt, dann sage ich „die Neugier“. Und dabei denke ich an einen Spruch Einsteins, den ich kürzlich an der Berliner Humboldt-Universität fand:

„Ich war nie besonders begabt, aber ich bin mein Leben lang besonders neugierig gewesen!“

Bleiben Sie es!

Genießen Sie die Freiheit, nicht mehr auf ausgetretenen Pfaden latschen zu müssen. Keiner kann Ihnen hineinreden, wenn Sie jetzt einmal etwas ganz Neues, ja, etwas Verrücktes tun wollen. Und wenn die Leute das kritisieren, dann ist da immer auch ein Stückchen Neid dabei.

Jetzt können Sie Ihr Alternativprogramm entwickeln. Sie müssen ja nicht davon leben und keines Menschen Urteil muß Sie schrecken!

Finde Deine Kreativität wieder!

KLAVÍ NIUS

Luitgard Jany

TRÄUME WERDEN WAHR

Geht es Ihnen auch so, daß jetzt, wo wir älter geworden sind, immer mehr Kindheitserinnerungen wach werden? Jetzt, da mehr Zeit, weniger Druck von außen da ist: wie wäre es mit ein bißchen Singen? Wie wäre es mit ein bißchen Herumstromern im Urwald?

Ich möchte Sie ermuntern:
Erinnern sie sich an ihre Kindheit und Jugendzeit!

Was waren ihre Sehnsüchte und Träume?
Was konnten Sie besonders gut?
Was hat Ihnen so richtig Freude bereitet?
Was durften Sie nicht und hätten es so gerne getan?

Vielleicht haben Sie noch Kontakt zu Schulkollegen und Freunden aus dieser Zeit. Es kann ungemein heiter sein, sich gemeinsam zurückzuerinnern. Und vor allem: das Ausbuddeln unserer alten Träume zeigt so viel von uns selbst!

Selbst wenn Sie keinen ihrer alten Träume aufgreifen und in abgespeckter Form zu verwirklichen suchen, kann schon die gedankliche Beschäftigung mit Träumen glücklich machen.

Entscheidend für unser Glück ist, daß wir selbst unsere Träume träumen und nicht die gesellschaftlich gerade gängigen Lebensträume übernehmen.

Und wie viel einfacher hat es da ein reifer Mensch!
Wir müssen uns nicht mehr peinlichen Vergleichen unterwerfen – Stichwort : „Germany`s Next Topmodel",...wir können Träume wahr werden lassen, die uns etwas bedeuten, egal ob sie hip, cool oder sonst etwas sind.

Natürlich möchte ich nicht verschweigen, daß die Beschäftigung mit Kindheitsträumen (zur Kindheit zähle ich auch die Zeit der Pubertät!) auch melancholisch stimmen kann. Wie unbeschwert war da das Wünschen und Träumen. Und was habe ich alles nicht gelebt, was ich mir damals erträumte. Es kann auch geschehen, daß ich gar nicht mehr weiß, was ich für Träume hatte. Und fast zwingend lande ich dann bei der Frage, ob ich denn schon sooo alt bin, daß ich das vergessen habe?

Hier können uns Forschungsergebnisse beruhigen, die sich mit Glück und Lebenszufriedenheit beschäftigten. Wir wissen, daß nicht die Menschen am glücklichsten sind, die ihre Ziele und Träume exakt erreichen, sondern die, die einige ihrer Ziele erreichen und in vielen Bereichen ihres Lebens Befriedigung finden. So ist das auch in meinem Fall. Ich bin keine Urwaldforscherin, keine Opernsängerin geworden. Ich habe mir einige Träume in vielleicht weniger spektakulären Feldern erfüllt (so wollte ich seit meinem 17. Lebensjahr Psychologin werden und bin es gegen den Widerstand meiner Umgebung auch geworden) und bin meistens sehr zufrieden damit.

Was ist aber, wenn ein Mensch sich in seinem Leben keinen seiner wichtigen Träume erfüllen konnte? Das ist zwar traurig, aber kein Grund zur Panik. Im Gegenteil! Denn wann, wenn nicht jetzt, wo Sie das Sagen über ihre Zeit haben, können Sie sich einen alten, bislang unerfüllten Traum erfüllen. Falls dieser Traum allerdings unerfüllbar geworden ist, weil Sie schlicht zu alt dafür sind (Sie werden mit 60 Jahren keine Primaballerina oder Rennradprofi mehr werden können) ist es Zeit, sich zurückzulehnen und – ja, was? – ein wenig weiter zu träumen!

Ziehen Sie sich an einen für Sie angenehmen Ort zurück; machen sie es sich richtig bequem und schon kann die Traumreise beginnen. Sie selbst sind die kleine Fee, der kleine Zauberer der Sie fragt: Was wünscht du dir von ganzem Herzen? Was macht dich glücklich? Sie werden erstaunt sein, was für Antworten Sie sich selbst geben. Vor allem ermuntere ich Sie auch, über verrückte, unerfüllbare, komische, schlichte, gewöhnliche und außergewöhnliche Antworten nicht zu erschrecken, sondern sich über Ihre Phantasie zu freuen.

Falls jetzt innere Stimmen zu flüstern beginnen: „Das ist doch Unsinn. Dafür habe ich kein Geld. Das ist zu schwierig. Das ist doch lächerlich", sagen Sie zu sich selbst: Na und, mag schon sein. Und doch sind es meine Träume und Sehnsüchte, die zu mir gehören wie meine Augenfarbe.

Alles, alles dürfen Sie träumen!

Der 2006 verstorbene Professor Paul Baltes vom Berliner Max-Planck-Institut für Bildungsforschung widmete sich der **Sehnsucht**, diesem Lieblingswort der Deutschen. Im inoffiziellen Wettbewerb von Spiegel Online um das schönste deutsche Wort stand das Wort „Sehnsucht" an dritter Rangstelle. Bei den über 1300 Frauen und Männern von 18 bis 81 Jahren standen in der Sehnsuchtsliste Partnerschaft, Familie, eigene Persönlichkeit und Freundschaft ganz oben. Bei Menschen im jungen und mittleren Alter stehen daneben Arbeit und Ausbildung weit oben, bei Senioren die Gesundheit.

Ist es nicht ungemein verbindend und auch tröstlich, daß so wesentliche Lebensbereiche wie Partnerschaft (= Liebe und Zuneigung) und Familie (= Liebe und Zuneigung) von jung und alt mit Sehnsüchten bedacht werden? ■

”

Erst freut man sich,

daß man mehr Zeit hat.

Und was macht man dann

mit der Zeit?

”

Georg Kreisler,
Ein Abend zu zweit, Chanson

AUCH DAS NOCH: JETZT MUSS ICH MICH SELBST ORGANISIEREN!

Keine Sachzwänge mehr von außen, keine Vorgesetzten, keine Kontrollen • Abläufe selbst strukturieren • Freiräume lassen • Routinen und Rituale pflegen • Planung für Ruheständler? • Gleichmaß und Gesundheit

Bis gestern noch rasselte jeden Morgen der Wecker. Aufstehen fiel mir immer schwer, aber was nützt es? Jeder Tag hat seine Zwänge. Das geht schon morgens los mit den Abfahrtszeiten von Bahn oder Bus, oder auch der morgendlichen Rush-hour auf den Straßen, die man gern umgehen möchte. Ich habe dieses Problem für mich so gelöst, daß ich immer eine Viertelstunde früher gefahren bin. Also: Noch früher aufstehen! Und dann der feste Arbeitsbeginn für die meisten Menschen. Ob Schule, Verwaltung oder Betrieb.

Und jetzt? Kein Arbeitsbeginn, kein Wecker ist gestellt, keine Pflicht ruft. Kein Schüler, kein Chef, kein Kunde, der auf einen wartet. Endlich so richtig ausschlafen! Herrlich – so, wie im Urlaub! Einfach liegen bleiben. Einmal. Zweimal. Dreimal.

Und dann spätestens wird es fad!

Jeder merkt es: In dem Augenblick, wo die von außen vorgegebene Struktur fehlt, besteht erst einmal die Neigung, daß sich plötzlich Tätigkeiten (oder Untätigkeiten) aufblähen wie ein Hefeteig. Ein Freund klagte neulich darüber, daß er nunmehr ewig lange über seiner Tageszeitung sitze. Wenn das Gerüst der Pflichten fehlt, das uns bislang in Trab gehalten hat, weil es uns regelmäßig Herausforderungen präsentierte, mit denen wir fertig werden mußten. Die Pflichten, die oft mit Terminen verbunden waren. Wann eine Arbeit fertig zu sein hatte, wann vor dem Chef oder in einer Sitzung ein Ergebnis präsentiert werden mußte oder wann ein wichtiger Kunde zu besuchen war. Alles fremdbestimmte Termine, die Tretmühle, aus der jeder so gern aussteigen wollte.

Und dann kann es passieren, daß man eben diese Tretmühle vermißt! So, wie Oswald Schafbauer, der Maurer. Er war mit 63 Jahren aus gesundheitlichen Gründen ausgeschieden. Die harte körperliche Arbeit und die Fahrten zu entfernt liegenden Baustellen hatten ihren Tribut gefordert. So war er eigentlich froh, als die tägliche Pflicht nicht mehr rief.
Und dann kam er sich doch komisch vor: „Wenn man immer gewohnt ist, ganz früh zur Arbeit zu fahren, bricht auf einmal etwas weg.“

Die Pflicht-Tretmühle durch eine Kür-Tretmühle zu ersetzen – das ist sicherlich nicht der Ausweg!

Hier scheiden sich wohl am meisten die Geister. Jetzt, da es keine Sachzwänge mehr von außen gibt, jetzt bestimmen wir selbst, wie wir unseren Tag organisieren. Die einen lassen jeden ihrer Tage langsam angehen. Man glaubt gar nicht, wie viel und wie lange man Kaffee trinken kann und wie viel unsere Lokalzeitung hergibt! Das was wir früher so locker überlesen haben, das kann jetzt zur inhaltsschweren Nachricht werden. In der bereits zitierten Radiosendung erzählte ein Ruheständler, daß jetzt „die Disziplin von ihm abfällt". Der ehemalige Bergmann konstatierte ganz einfach: „Die Dinge gehen heute langsamer".

Mein Freund Paul macht es ganz anders: Er steht jeden Morgen früh um sechs Uhr auf, im Sommer und Winter, nimmt seinen Hund und läuft mit ihm eine große Runde durch den Wald. Dann macht er Frühstück und bereitet seinen organisierten Tagesablauf.

Kein Wunder: Er war ja auch mal EDV-Fachmann!

Ich selbst habe mich für einen Zwischenweg entschieden: Ich genieße es, nicht mehr ganz so früh aufstehen zu müssen wie früher und stelle dafür keinen Wecker. Tatsächlich klappt es fast immer von allein, zu der gewünschten Zeit morgens um sieben aus dem Bett zu finden. Denn einerseits habe ich ja nun meine Hobbys und Nebenbeschäftigungen und obendrein möchte ich auch die schöne Zeit, die ich jetzt habe, nicht vergeuden. Ich brauche eine Struktur in meinem Alltag; fehlt sie mir (und das kann einem schon mal passieren, wenn man niemandem Rechenschaft ablegen muß), dann ärgere ich mich selbst am meisten.

Zur Organisation des Tagesablaufs gehören auch Rituale. Sie haben in unserem Alltag schon immer eine ganz besondere Rolle gespielt. Das ist zum Beispiel das gemeinsame Kaffeetrinken, das ist aber auch der Sport zu bestimmten Zeiten, der mich auch durch Veränderungen in meinem Werdegang geführt hat. Er war für mich auch Gelegenheit, über den nächsten Tag, über Projekte und schwierige Aufgaben nachzudenken. Und andererseits habe ich gewußt, daß dieses Ritual mir bei der Bewältigung der Aufgaben helfen würde.

Das verläßliche Wiederkehren von Ritualen gibt dem Leben eine Struktur.

Zu einem solchen Ritual mag auch für manche das morgendliche oder abendliche Gebet gehören oder die Versenkung in sich selbst, die dem Menschen Ruhe gibt. Wann wären solche Rituale wichtiger als in einer Phase, wo ein von außen vorgegebene Struktur nicht mehr da ist. Schön ist, daß ich mir diese Struktur jetzt selbst geben kann, genauso, wie ich es möchte.

Nur: Auf eine solche neue Strukturierung meiner Zeit sollte ich nicht verzichten. Ein Plansystem kann da eine gute Hilfe sein. Seit über 20 Jahren arbeite ich mit der Löhn-Methode, mit Planbuch und Bleistift. Jeder hat seine; mir ist diese nicht nur deswegen lieb und vertraut, weil sie so einfach ist. Termine und Aktivitäten lassen sich koordinieren, und schon weit vor dem Ende der aktiven Zeit hatten dort auch persönliche und familiäre Angelegenheiten ihren Platz. Zur Organisation gehört nicht zuletzt, daß man Prioritäten setzt.

Warum tun wir uns, obwohl wir es alle wissen, damit oft so schwer? Ein Grund ist, daß sich Prioritäten oft ändern. Was gestern besonders wichtig war, kann heute hintan stehen. Und – Hand aufs Herz – allzu gern ordnen wir Prioritäten nach dem Lustprinzip und nicht nach dem Wichtigkeitsprinzip. Oder wir haben Scheu vor einer Aufgabe, und dann gibt es Tausende von „Gründen" warum man unbedingt jetzt erst etwas anderes machen muß, bevor man an die vermeintlich schwierige Aufgabe herangeht. Übrigens stellt sich dann oft heraus, daß sie gar nicht so schwierig ist.

Auch hierfür gibt es Techniken – und warum sollte man sich nicht auch nach dem Ruhestand einmal damit befassen? Denn heute können wir es uns weniger als je zuvor leisten, Zeit zu vergeuden! Wir haben ja nicht mehr unendlich viel davon! Mind Mapping ist so eine Methode; hierfür gibt es ausreichend Literatur.

Die Frage: „Welchen Nutzen bringt mir eine Aufgabe" ist kein schlechter Weg zur Planung eines Tages. Können Sie den Nutzen nicht erkennen, dann streichen Sie diese Aufgabe gleich aus Ihrer „Tagesordnung". Denn zum „wenig erreichen" lohnt es sich nicht, am Morgen aufzustehen.

Berthold Jany

GLEICHMASS UND GESUNDHEIT

Es ist eine Binsenweisheit, daß der Lebensstil, den wir praktizieren, großen Einfluß auf unsere Gesundheit hat. Viel Bewegung, gesunde Ernährung, Nichtrauchen und nur mäßiger Genuß von Alkohol sind bereits gute Voraussetzungen für einen glücklichen und vor allem gesunden Ruhestand. Zahllose Studien haben dies untermauert. Was besonders erfreulich ist: Es ist danach nie zu spät, seinen Lebensstil zu ändern, um positive Effekte für die Gesundheit zu erzielen.[6] Auch ein später Start einer Änderung des Lebensstils, also nach dem Beginn des Ruhestandes, verbessert die Aussicht, ihn lang und gesund genießen zu können.

Selten aber wird über die Auswirkungen von Gleichmaß, Pausen, Ruhephasen und die Konsequenzen eines geregelten, „ritualisierten" Tagesablaufs gesprochen. Der „normale Menschenverstand" würde einem nahe legen, daß das hektische Berufsleben, „Streß", der Gesundheit nicht zuträglich ist. Und man kann ja tatsächlich „Eustress", also Anspannung bei Tätigkeiten, die uns Freude bereiten von „Dysstress", möglicherweise krankmachenden Dauerbelastungen unter Bedingungen, die uns überhaupt nicht gefallen, unterscheiden.

Also ist der Beginn einer Zeit, in der „Ruhe“ sogar namensgebend für den Lebensabschnitt ist, nun für unsere Gesundheit gut?

Eine extensive Recherche wissenschaftlicher Datenbanken ergibt im Gegenteil:

Inaktivität im Alter ist einer der wichtigsten Faktoren schlechter Gesundheit.

Die erfolgreiche Anpassung an die Umwelt ist ein wesentlicher Faktor für das Überleben einer Art, und somit seines Genpools, wie wir im Gefolge von Charles Darwin wissen. Seit der Steinzeit (und viel früher) wurden diejenigen menschliche Gene durch die Evolution ausgewählt und erhalten, die zum Überleben absolut nötig waren – und das sind nun mal Gene, die körperliche Aktivität unterstützen und möglich machen (Jagen, körperliche Arbeit...). Nun brauchen wir heute schon in der Arbeitswelt sehr viel weniger hart zu arbeiten. Zwei Drittel der Schüler in den USA in den Klassen 9 bis 12 erreichen nicht einmal ein Minimum der gewünschten körperlichen Aktivität. Und Studien haben gezeigt, daß sich dieser Trend nach dem Ruhestand leider fortsetzt: der Wegfall notwendiger körperlicher Aktivität der Arbeitswelt wird nicht durch vermehrte Aktivität im Ruhestand kompensiert – obwohl dazu jetzt Zeit wäre.[10] Man könnte sagen, der Preis für die Verminderung von körperlicher

Müh' und Plage in der Arbeitswelt durch technischen Fortschritt ist die dramatische Zunahme chronischer Krankheiten. Die Wissenschaft beginnt erst, sich mit den langfristigen Folgen einer Fehlanpassung von körperlicher Inaktivität und menschlichem Genpool zu beschäftigen.[11]

Gleichmaß, Ruhephasen, Rituale? Leider ist für viele Ruheständler das wichtigste Ritual das tägliche Fernsehen. Interessant ist, daß diejenigen Ruheständler, die bereits im Berufsleben Sport betrieben haben und für die Freizeitaktivitäten wichtig waren, dies auch meist im Ruhestand beibehalten. Menschen, die ihre Gewohnheiten nach dem Ruhestand in einen mehr sitzenden Lebensstil im Fernsehsessel ändern, fallen rasch zurück in die Kategorie der schlechteren Gesundheitsprognose.

Nochmals **zum Merken**:

Sorgen Sie für ein Gleichmaß aus Aktivität, Ruhephasen und den kleinen Ritualen des Alltags – dann tun Sie auch etwas für Ihre Gesundheit. Gleichbleibende, verläßliche Gewohnheiten und Rituale, aktives Tun stärken den Körper. Inaktivität dagegen führt zu einer signifikanten Erhöhung des Risikos für Herzerkrankungen, Schlaganfall, hohen Blutdruck, Dickdarmkrebs, Brustkrebs, Typ-II-Diabetes, Osteoporose, Fallneigung, Depression, Ängstlichkeit, vielleicht sogar für Demenz und M. Alzheimer.

Genug? ■

Soziale Bindungen früh schaffen

FREUNDE, DAS LEBEN IST LEBENSWERT!

Soziale Bindungen früh schaffen • Vom freundlichen Wort zum besten Freund • Unser Beziehungsgarten • Gesundheit und Freunde

„Wem der große Wurf gelungen, eines Freundes Freund zu sein, wer ein stolzes Weib errungen, stimm' in unsern Jubel ein!" dichtete schon Friedrich Schiller. „Ein Freund, ein guter Freund, das ist das beste, was es gibt!" sangen in den 20er Jahren die Comedian Harmonists. Und sie hatten nicht ganz unrecht. Als wir Jungen von 10 Jahren waren, hatten wir ganz eigene Vorstellungen von Freundschaft. So etwas wie zwischen Winnetou und Old Shatterhand mußte es schon sein. Mit einem Blick in die Augen des anderen wissen, was dieser dachte und Seite an Seite die größten Abenteuer bestehen! Und die Mädchen verkrochen sich mit ihrer besten Freundin, um dann die innersten Geheimnisse auszutauschen.

Manchmal gehen einem auch als Erwachsenen diese Gedanken durch den Kopf. Manchmal können sie auch den Sinn für das Realistische vernebeln. Und mancher legt sich eine pessimistische Einstellung zu, wenn einmal Erwartungen an einen Freund enttäuscht wurden. Das kann natürlich auch an den zu hohen Erwartungen gelegen haben. Ich bin glücklich, einen großen Kreis von Freunden und solchen Menschen zu haben, mit denen mich freundschaftliche Bande verbinden. Nicht jeder ist ein Winnetou'scher Blutsbruder, aber zu manchen kann ich auch gehen, wenn ich mehr als nur flache Party-Gespräche führen möchte. Darüber bin ich glücklich. Und manchmal ärgere ich mich auch über den einen oder anderen – so wie sich der eine oder andere bestimmt auch einmal über mich ärgert.

Die meisten dieser Bindungen entstanden durch Vereinigungen, in denen sich im Laufe der Jahre manche engen Beziehungen aufbauten. Gelegenheiten, neue Beziehungen zu knüpfen gibt es immer wieder – ebenso, wie durch den Abschied aus dem Beruf auch die eine oder andere alte Bindung schwächer wird. Gerade in gemeinsamer Arbeit sind manche Freundschaften entstanden, die tragfähig und keine Eintagsfliege sind. Schwierig wird es für denjenigen, der sich in jüngeren Jahren gescheut hat, das Risiko einer Freundschaft einzugehen. Je älter man wird, umso stärker klaffen obendrein Ansprüche und Möglichkeiten auseinander. Auf der einen Seite bilden sich Kontakte nicht so leicht wie in der Jugend, auf der anderen Seite kann es passieren, daß einer über die Qualität der alten Beziehungen nörgelt, weil sie nur noch wenig Überraschendes, Neues bieten. Dann kann man in eine Lücke fallen. „Soziale Kontakte im Alltag fehlen jetzt", klagte der pensionierte Bergmann in der Rundfunksendung. Gründe genug, schon deutlich vor einer Ruhestandsgrenze darauf zu achten, daß man den Mut zu sozialen Kontakten findet. Alte Freunde haben übrigens noch einen Vorteil: Sie nehmen es mit Gelassenheit hin, wenn man vielleicht mit zunehmendem Alter auch die eine oder andere Marotte entwickelt!

Allein diese Freunde wären schon ein Grund für mich, nicht mehr umzuziehen (ganz abgesehen von dem vielen Krempel in unserem Keller, der uns inzwischen seit Jahrzehnten die Treue gehalten hat!) Was wäre mein Leben ohne die Ammerländer (jetzt darf ich die auch einmal beim Namen nennen), jene Gesellschaft, in der 25 Freunde lautstark miteinander Blasmusik machen! Was wäre es ohne meinen Club, in dem ich regelmäßig nicht nur Freunde treffe, sondern immer auch durch Vorträge über die unterschiedlichsten Themen bereichert werde. Demnächst wird bei uns mal wieder ein Klassentreffen anstehen; weil ich irgendwann einmal Klassensprecher war, habe ich es zu organisieren, und ich freue mich darauf. Das ist ein Erlebnis ganz eigener Art! Man kommt in einen Raum, und plötzlich stehen einem lauter ältere Menschen gegenüber, die man sein Lebtag noch nicht gesehen hat. Oder doch? Alle gucken so fröhlich und dann bricht es los: Mensch, Du bist doch..., ja, das ist ja toll, Dich mal wiederzusehen! Und so ganz allmählich kommt hinter dem inzwischen gesprossenen Bart oder den unvermeidbaren Falten ein Gesicht heraus, das man noch ganz tief in seinem Hirn gespeichert hatte. Dann dauert es gar nicht mehr lange, bis die Klasse wieder in der gleichen albernen Verfassung wie damals ist! Und man selbst ist mittendrin und wieder Schüler. Das Internet erleichtert es übrigens heute, alte Klassenkameraden wieder aufzuspüren.

Luitgard Jany

UNSER BEZIEHUNGSGARTEN

Menschen sind soziale Wesen. Niemand kann auf sich alleine gestellt überleben. Zum Menschsein gehören gute, verläßliche Beziehungen ebenso sehr wie das tägliche Brot. Zur Bestätigung dieser Grundaussage hat nicht nur die psychologische Forschung, sondern auch die neurobiologische Forschung entscheidende Erkenntnisse beigetragen. Schon vor längerer Zeit wurden die Systeme in unserem Gehirn, die unseren Lebenstrieb, unsere Vitalität regulieren erforscht. In den letzten Jahren gelang dabei eine sensationelle Entdeckung. Neurobiologen fanden heraus, welche Signale unsere körpereigenen Motivations- und Belohnungssysteme aktivieren. Als die herausragenden Stimuli für unsere hirnorganischen Belohnungssysteme erwiesen sich positive Sozialkontakte.

Anerkennung, Wertschätzung, Zuwendung sind unsere Lebensvitamine!

Nichtbeachtung, Ablehnung und Entwertung lassen dagegen gute Beziehungen gar nicht erst entstehen oder sind ihr sicherer Tod. Schon vor 50 Jahren zeigte der Arzt und Psychologe Rene Spitz diesen Negativbezug in erschreckender Weise auf. Er untersuchte Heimkinder, die im Alter von 6 Monaten von ihren Müttern getrennt wurden. Die Säuglinge wurden von uninteressierten, unausgebildeten Pflegerinnen in Heimen betreut. Die Kinder, die sich bis zu diesem Zeitpunkt gut entwickelt hatten, veränderten sich erschütternd: Zuerst schrieen sie viel, dann wimmerten sie nur noch, blieben in ihrer gesamten körperlichen Entwicklung zurück, wurden lethargisch und psychisch gehemmt. Die Verweigerung kindlicher Beziehungswünsche erzeugte eine extrem schwere Depression, die unter dem Titel „Anaklitische Depression" in psychotherapeutischen Fachkreisen weltbekannt wurde. Wir wissen aus der Entwicklungs- und Persönlichkeitspsychologie, daß emotionale Sicherheit und Zuwendung von frühester Kindheit bis ins hohe Alter gebraucht wird, um Vertrauen in die Welt und in sich setzen zu können, erfolgreich zu lernen und um glücklich zu sein.

Auch Zwerge fangen klein an! Werden wir von einem Menschen – er kann auch wildfremd sein – angelächelt oder bekommen einen freundlichen Blick oder ein nettes Wort zugeworfen, wird unser Belohnungssystem im Gehirn aktiviert. Wir

• fühlen uns bestätigt • fühlen uns „gesehen"
• fühlen uns anerkannt • fühlen uns motiviert
• lernen besser.

Keiner, oder nur sehr wenige dieser freundlichen Menschen werden deshalb unsere Freunde werden. Aber sie tragen viel zu unserer seelischen Ausgeglichenheit bei. Übrigens: Beim Zurücklächeln („emotionalen Resonanz") verschenken nun Sie diese Glückspillen. ■

Berthold Jany

FREUNDE UND GESUNDHEIT

Freunde zu haben ist für die meisten Menschen eine ganz wichtige Sache. Wir brauchen den Rückhalt bei guten Freunden in schwierigen Zeiten. Und im normalen Leben tragen sie zu unserem Wohlbefinden, zum Gefühl, aufgehoben und integriert zu sein, entscheidend bei. Das ist im Ruhestand natürlich immer noch so. Aber spielen Freunde für unsere Gesundheit (die wir im Ruhestand ja erhalten wollen), auch eine Rolle?

Studien haben gezeigt, daß das Gefühl, sozial in unterstützende und sorgende Beziehungen zu Freunden und Familienmitgliedern eingebettet zu sein, für die weitere gesundheitliche Entwicklung sehr wichtig ist. Dies gilt ganz besonders bei Ruheständlern.

Dabei kommt es gar nicht auf die Häufigkeit der freundschaftlichen Kontakte an. Auch die Zahl der Freude spielt keine Rolle. Tatsächlich ist das subjektive Empfinden einer hohen Qualität der Beziehung entscheidend. Bereits das Gefühl, in einem Netzwerk von sozialer Unterstützung durch Freunde, so klein auch immer der Freundeskreis sein mag, eingebunden zu sein, trägt zur Lebensqualität bei.

Nach der Generali Altersstudie 2013[8] genießen 78 % der 65- bis 69-Jährigen den Kontakt zu anderen, von den 80- bis 85-Jährigen kaum weniger. Den wichtigsten Einfluss auf die Sozialkontakte im Alter hat der Gesundheitszustand. Die Gefahr sozialer Isolation steigt mit einem schlechten Gesundheitszustand an. Vielleicht wird eine vermehrte Nutzung moderner Kommunikationsmittel wie SMS oder E-Mail, Internetgestützte Telefonie mit Bildübermittlung durch Dienste wie Skype oder Facetime hier in Zukunft sogar noch eine Verbesserung des sozialen Wohlbefindens bringen.

Aktuell halten in der Altersgruppe 65 bis 85 Jahre nur 2 % täglich und 7% mehrmals pro Woche Kontakt zu Freunden und Verwandten über SMS und E-Mail.

Wie wichtig Sozialkontakte aber für die Gesundheit sind, soll durch die folgenden zwei Studien verdeutlicht werden.

Eine Beobachtungsstudie über einen Zeitraum von 8 Jahren an über 3000 Ruheständlern hat ein erstaunliches Phänomen gezeigt: Diejenigen Menschen, die mit einem positiven Lebensgefühl eingebettet in einen guten Freundeskreis waren, erlitten in den folgenden Jahren signifikant weniger Einschränkungen ihrer Mobilität als diejenigen ohne Freunde.

Mit anderen Worten:

soziales Wohlbefinden hat auch einen vorbeugenden Effekt gegen körperlichen und gesundheitlichen Abbau.

In einer weiteren Studie an allein lebenden Frauen im Ruhestand wurde ähnliches gezeigt: wenn diese Frauen ein soziales Netzwerk von Freunden hatten, war das Alleinleben mit einem langsameren Verlust an Vitalität verbunden als bei vergleichbaren Frauen ohne dieses Netzwerk. Diese soziale Interaktion bildet gleichsam einen Puffer zwischen dem „Streß" des Ruheständlers und seiner Gesundheit:

Wie kann eine solche positive Auswirkung von Freunden und sozialem Wohlgefühl auf die Gesundheit erklärt werden?

Amerikaner mit mexikanischem Hintergrund („Mexican Americans") sind die größte Minderheit in den USA, haben durchschnittlich ein geringeres Einkommen, schlechteren Zugang zum Gesundheitssystem und weisen häufiger Risikofaktoren für Herz-Kreislauf-Erkrankungen wie Übergewicht und Diabetes als die Amerikaner im Durchschnitt auf. Sie verfügen jedoch über ein sehr enges soziales Netzwerk von Familie und Freunden. Ein im

Allgemeinen positives Lebensgefühl dieser Bevölkerungsgruppe ist die Folge. Dies hat Konsequenzen: jüngste Studien haben gezeigt, daß „Hispanos" in den USA einen niedrigeren Blutdruck haben als die Allgemeinbevölkerung. Möglicherweise ist deshalb bei ihnen die Sterblichkeitsrate an Herzkrankheiten niedriger – trotz des erwähnten negativen Risikoprofils.[9]

Freunde im Ruhestand, nicht unbedingt viele, aber gute, ein dadurch befördertes positives Lebensgefühl, das trägt zum Erfolg dieses Lebensabschnitts bei – auch in punkto Gesundheit! ■

„Geschäftige Torheit ist der Charakter unserer Gattung."

Immanuel Kant,
deutscher Philosoph

DAS ALTE LEBEN AUF ANDERE ART FORTSETZEN?

Hektik, Streß, Termine, Emails und SMS • Auch in der Ruhe liegt das Glück

Wer sich meine eigene Tabelle zur Planung des späteren Lebens angesehen hat, der sagte sich vielleicht bereits: Hoppla, wie will der denn das schaffen, so viele Nebentätigkeiten, und manchen davon noch mehr? Ich gebe es unumwunden zu: Mein Tag ist noch ganz gut mit den verschiedensten Aufgaben gefüllt. Und doch: ich habe mich gefragt, was mir wohl am meisten Streß bereitet – und das habe ich inzwischen aus meinem Dasein verabschiedet: Ich habe ein Handy, aber ich erlaube es mir, es den ganzen Tag oder noch länger im Auto liegen zu lassen. Ich habe Email, aber ich muß es nicht täglich sehen.

Im Augenblick freilich, da ich an diesem Buch schreibe, geht mein Leben etwas unruhiger zu. Aber diese vorübergehende Anspannung empfinde ich als eine spannende Herausforderung und nicht als negativen Dys-Streß. Ich habe einen kleinen Verlag für Fachliteratur gegründet. Da ist eine ganze Menge zu organisieren. Dazu kommen noch die anderen Aktivitäten.

Doch komme ich viel seltener an mein Klavier, als ich es mir gewünscht habe.

Was soll's, Goethe war in meinem Alter auch noch zugleich Minister, Dichter, Wissenschaftler und Intendant des Weimarer Theaters! Michelangelo lag mit 90 Jahren noch unter der Decke der Sixtinischen Kapelle in Rom, die er so, also auf dem Rücken liegend, ausmalte! Und Konrad Adenauer begann erst mit 73 Jahren seine große Karriere als Bundeskanzler!

Bei solchen Vorbildern kann es natürlich schnell passieren, daß dann noch eine Aufgabe zur anderen kommt – und am Ende ist man genauso dran wie vor dem Tag X! Wenn mich heute ein Bekannter fragt „wie schmeckt der Ruhestand?“ reagiere ich genauso unwirsch wie auf die Bemerkung „Na, Sie sind offenbar im richtigen Unruhestand!“ Ich hasse dieses Wort! Aber ich merke, daß etwas dran ist ...

Etwas hat mir Maurermeister Oswald Schafbauer voraus: „Manchmal“, so erzählte er mir kürzlich, „fahre ich einfach einmal an den Main und setze mich dann an den Fluß. Ich kann stundenlang dem Wasser zusehen. Dazu brauche ich keine Menschenseele, das baut mich richtig auf“.

Ich gebe zu, daß ich ihn darum beneide. Und irgendwie werde ich an Dinge wie Meditation erinnert. Und daran, daß dies absolut nichts mit Passivität zu tun hat.

Luitgard Jany

AUCH IN DER RUHE LIEGT DAS GLÜCK!

Zurück zu unseren Träumen und Sehnsüchten, jetzt, da der neue Lebensabschnitt Ruhestand vor der Türe steht oder schon begonnen hat. Beginnen wir mit den einfachen, scheinbar trivialen Träumen, die von vielen Personen, genauer gesagt von den potentiellen oder tatsächlichen Ruheständlern, Pensionisten und Rentnern geäußert werden.
„Ich möchte einfach meine Ruhe haben. Zeit um abzuhängen. Nichts tun wäre perfekt."

Lassen wir uns das doch auf der Zunge zergehen. Kein Zeitplan ist zu erfüllen, keine Hektik, niemand der hinter einem steht und sagt, was jetzt zu tun ist. Ob ich in einer, zwei oder vielen Stunden etwas erledige, hängt ganz allein von mir ab. Ob ich es überhaupt erledige ist meine Entscheidung.

Erinnern Sie sich manchmal noch an Zeiten, in denen Sie Zeit hatten? Damals, als beim Spielen Zeit und Raum ineinander flossen. Wir erst, als der Ruf, „Komm zum Abendessen" ertönte, bemerkten, daß es schon dunkel geworden ist.

Diese Selbstvergessenheit kann nur geschehen, wenn wir Zeit haben zum Hineinbummeln ins Leben ohne Zweck- und Zielvorgabe.
Der Psychologe Mihaly Csikszentmihalyi hat diesen Zustand entspannter Konzentration als „Flow" beschrieben. Wir fühlen uns leicht, beschwingt, ja euphorisch. Diese wunderbaren Gefühle beruhen auf der Aktivierung des hirneigenen Botenstoffes Dopamin , unseres „körpereigenen Belohnungssystems".

Immer dann, wenn wir einer Tätigkeit um ihrer selbst nachgehen, wie das im Spielen oder im Lesen zum Vergnügen ist, scheint die Zeit stillzustehen. Wir sind ganz bei uns selbst. Haben Sie schon einmal einen Menschen, gleichgültig welchen Alters, genau betrachtet, der sich in diesem Zustand der Selbstvergessenheit befindet? Ihnen sind sicher die gelösten, gleichzeitig hochkonzentrierten Gesichtszüge aufgefallen. Nie sehen Menschen schöner aus, als in diesen Momenten der tiefen Zufriedenheit.

Hier erinnere ich mich an eine Situation, als ich beim Lesen durch das Läuten der Türglocke gestört wurde. Ich öffnete die Tür, innerlich noch immer ganz in der Geschichte meines Buches vertieft. Ein guter Freund stand vor mir, schaute mich an und sagte nur: "O.k. Ich komme ein andermal wieder. Du bist in einer anderen Welt!" Und weg war er. Ich konnte fast nahtlos weiter lesen.

Die Erkenntnis, welch guten, einfühlsamen Freund ich in diesem Menschen habe, wurde mir ganz nebenbei als Geschenk mitgeliefert.

Denken wir zurück an unseren Traum von Ruhe und selbst bestimmter Zeit. Jetzt im Ruhestand – ja, da haben wir ja das schöne Wort **„Ruhe"** wieder – dürfen Sie rumhängen, das tun oder lassen, was Ihnen Spaß macht. Als positiven Nebeneffekt werden Sie entspannter, glücklicher, energievoller und deshalb – Achtung! Alle herhören! – auch schöner.

Wir alle erfahren es täglich, wie sehr das moderne Leben von einem chronischen Zeitnotstand geprägt ist. Daß in unserem Wirtschaftssystem „Zeit Geld ist", macht sich nahezu in allen menschlichen Bereichen unangenehm bemerkbar. Schon das Leben der Kleinkinder ist im Würgegriff der verplanten Zeit, des pädagogisch-lernpsychologisch wertvollen Zeitmanagements. Ist es angesichts dieses Zeitdrucks nicht sehr nahe liegend und verständlich, daß am Ende des Erwerbslebens im Ruhestand endlich Ruhe gewünscht wird?

Nein!
Ruhe scheint unserem Zeitgeist etwas Verdächtiges, nicht so einfach zu Billigendes zu sein. Oder wieso erscheinen plötzlich Bücher mit dem verräterischen Titel „Unruhestand"? Wieso wird schon fast in jeder Veröf-

fentlichung penetrant beschwörend von den aktiven Alten gesprochen. Muß ein ruhiger Alter sich verstecken und schämen?
Eine langjährige Berufstätigkeit mit permanentem Zeitdruck, Hektik und immer neuen Anforderungen hat bei uns vermutlich schon zu einer Verinnerlichung des Gefühls geführt: Nur wer nie wirklich Zeit hat, gehört dazu, zählt und ist wichtig (!).

Ein Unternehmer mittleren Alters erzählte mir kürzlich eher beiläufig, daß er nie mehr als 4 Tage Urlaub am Stück mache. Er könne dies zwar, er sei ja der Chef, aber schon nach drei Urlaubstagen werde er „nervös und zappelig" und „denke immer an all das, was jetzt in der Firma schief laufen kann".

Ruhe und Ausspannen ist für diese Menschen gefährlich geworden. Das Paradoxe, ja Tragische ist, daß das permanente Laufen auf Hochtouren als Gesundbrunnen erlebt wird, in Wirklichkeit jedoch eine Selbstschädigung bewirkt.

Entgegen dem momentanen Trend, sei hier das Loblied der Ruhe, in einigen Punkten zusammengefaßt, gesungen.

1. Die Suche nach Ruhe und Nichtstun ist sehr verständlich, normal und gesund – vor allem nach einem fordernden Arbeitsleben.

2. Ruhe, Alleinsein und Stille sind ausgezeichnete Möglichkeiten sich selbst zu finden und die neue Lebenssituation zu reflektieren.

3. Ruhe, Stille und Meditation haben positive Auswirkungen auf unseren Körper und unsere Seele.

In medizinischen Studien konnte mittels EEG-Messungen und Hirntomographiebilder unter anderem gezeigt werden, daß während der Meditation

• Muskelverspannungen sich lösen, Blutdruck und Pulsfrequenz sinken und der Sauerstoffverbrauch abnimmt.

• Auch bei Anfängern die Wirkung der Kortikoid-Streßhormone abgeschwächt wird. Bei Menschen, die regelmäßig meditieren, werden die Streßhormone sogar vollständig abgebaut.

• Hirnregionen, die für die Steuerung der Beobachtung und der Aufmerksamkeit verantwortlich sind, erheblich aktiviert werden.

• Intensive Meditation, tiefe Selbstversenkung aktiviert die Schläfenlappen des Gehirns so stark, daß gute Stimmungen, die bis zu ekstatischen Gefühlszuständen reichen können, hervorgerufen werden. Diese Stimmungslage ist nach Aussage der Meditierenden häufig mit inneren Einsichten und persönlich wichtigen Erkenntnissen verbunden. ■

Ruhestand = Beziehungskrise?

DAS LEBEN ÄNDERT SICH OFT FÜR ZWEI MENSCHEN

Nicht mehr in der Rolle des „Ernährers"
• Die Partnerin hat ein eigenes Lebensmodell
entwickelt • Papa ante portas
• Wechselseitig motivieren •
Mythos Nr. 5: Ruhestand = Beziehungskrise

So, jetzt bin ich zu Hause, jetzt machen wir etwas ganz Neues! Als erstes fahren wir schon mal vier Wochen weg! „Moment“, sagt da die (frei nach Kishon) beste Ehefrau von allen, „das geht bei mir nicht“.
Hoppla, wie kann das sein? „Du hast doch gar keine berufliche Verpflichtung!“ „Ja meinst Du, ich habe die letzten vierzig Jahre nur daheim gesessen und Däumchen gedreht und auf meinen Herzallerliebsten gewartet?“

Auch unsere Freunde Elisa und Gustav Jung standen vor dem gleichen Problem. „Jetzt ändert sich für mich mein ganzes Leben“, sagte Gustav, „ und Du gehst darauf überhaupt nicht ein“.
„Du hattest Deinen Beruf, und ich habe mir Schritt für Schritt auch mein eigenes Leben geschaffen – das kann und will ich nicht auf einen Schlag aufgeben!“ antwortete Elisa.

Einige Fetzen sind wohl damals geflogen, bis Gustav merkte, wie wichtig dieser eigene Bereich für Elisa immer gewesen war. Inzwischen haben sie sich verständigt und sind aufeinander zugegangen. Wenn dies allerdings nicht gelingt, dann kann die Chance Ruhestand zur Krise für eine Beziehung werden.

In der Tat: Während der Ehemann arbeitete, hat vielleicht die Ehefrau ihrerseits in ihrem Beruf Erfolg und Karriere gemacht, sie hat vielleicht auch die Familie daheim gemanagt, soziale Beziehungen zu anderen Menschen geknüpft und sich weitergebildet. Bei den knappen Abendstunden und bei den oftmals durch irgendwelche Veranstaltungen, Ausflüge und Familientreffen belegten Wochenenden hat der Ehemann vieles davon gar nicht so bewußt wahrgenommen. Da entwickelten sich eigene Freundschaften und eigene Hobbys.

Und jetzt kommt der Ehemann heim und erwartet, daß seine bessere Hälfte sich nun gefälligst an seine Situation anpassen möge. Oder, noch schöner: Er nimmt jetzt – wie Loriot in „Papa ante portas“ – gleich selbst das Heft in die Hand und beweist, daß der Einkauf von 5.000 Rollen Toilettenpapier enorme Preisvorteile bringt!

So selten scheint das also gar nicht zu sein.
Der bereits zitierte Bergmann berichtete über seine beginnende Pedanterie. Da, wo man es zuläßt, daß der

eigene Horizont immer kleiner wird, da muß man dann wohl in seiner immer engeren Welt auch engstirniger werden.

Unlängst wurden wir auf einer Wanderung unfreiwillig Zuhörer einer Erzählung. Eine Frau berichtete ihren Freunden vom Ruhestand ihres Mannes:
„Also, erst einmal kam er in die Küche und sagte, daß wir hier ab sofort betriebswirtschaftlich und nach den Prinzipien der Organisation handeln wollen. Dann ging er an den Küchenschrank und begann, ihn auszuräumen. Aber da hab ich ihm was erzählt! Wenn Du nicht gleich machst, daß Du aus der Küche kommst, kannst Du was erleben!"
Fazit: In wenigen Minuten sah der Küchenschrank aus wie zuvor!

Na ja, gelegentlich ertappe ich mich auch bei dem Gedanken, daß man hier manches doch ganz anders organisieren müßte. Zum ersten müßte man den Keller aufräumen. Der erste Versuch ging gründlich in die Hose: Jeder von uns beiden wollte überflüssige Sachen des anderen wegwerfen. Empörung auf der jeweils anderen Seite war die Folge, und nach langen, zähen Koalitionsverhandlungen einigten wir uns auf den Status quo ante, wie man in der Politik so schön sagt und auch dort macht! Und so ist unser Kellerraum genauso wie die politische Landschaft: Alles durcheinander! Aber kürzlich haben wir beschlossen, einen zweiten Anlauf zu nehmen.

Oswald Schafbauer, unser Maurer, hat das Problem, daß er als sorgsamer Handwerker kein Material verschwenden kann. So stehen in seiner Garage angefangene Säcke mit Zement, Fliesen, Kleber und anderen schönen Dingen. Unordentlich, so empfindet das seine bessere Hälfte."Wenn ich etwas zu sagen hätte, würde ich das sofort alles wegwerfen!"

So müssen immer wieder zwei, die bislang vorwiegend in verschiedenen Welten lebten, erst wieder allmählich lernen, aufeinander zuzugehen. Spätestens, wenn die erste Fliese im Bad sich gelöst hat und der Gatte beiläufig zehn Minuten später erzählt: „Ich hatte da noch einen Rest Kleber und habe sie gleich wieder angeklebt", wird die Angebetete den Sinn der Vorratshaltung erkennen; und wenn er seinerseits sein Warenlager optisch gefälliger stapelt, dient auch dies dem Betriebsfrieden im neuen Betrieb „Haushalt". Mehr als das:

**Es ist nicht zuletzt
die gegenseitige Anerkennung, die
auch den anderen motiviert!**

Da wir schon am Beginn eines neuen Abschnitts sind, könnte man auch gleich die alte Abstumpfung über Bord werfen, die sich vielleicht manchmal in Jahrzehnten eingeschlichen hat. Weder das Mittagessen noch die frische Wäsche, aber auch nicht die Erledigung des blöden Bürokrams oder Arbeiten an der Wohnung sind selbstverständlich! Und manchmal merkt man doch, daß man mit den Jahren ein kleines bißchen (wirklich: nur ganz wenig!) klüger geworden ist.

Zum Beispiel haben wir festgestellt, daß unsere Streitkultur sich geändert hat. Inzwischen wissen wir ja, wie schnell sich eine „abgrundtiefe Meinungsverschiedenheit" in Luft auflösen kann. Da kann es schon mal passieren, daß einer von uns beiden beim Streitgespräch anfängt zu grinsen....Vielleicht nimmt auch allmählich die Erkenntnis zu, daß wir ja nicht mehr unbegrenzt Zeit haben. Und die im Streit verbringen? Nein, danke!

Dann gibt es natürlich auch noch andere Stolpersteine für alltägliches Geplänkel: So hat vielleicht die liebe Ehefrau eigene Bereiche gepflegt, an denen der heimgekehrte Gatte gefälligst Anteil haben soll: z.B. den Garten.

Oswald erzählte mir dies so schön:
„Weißt Du", sagte er, „in meiner Arbeit war ich wirklich gut. Nie hatte ich Reklamationen. Im Gegenteil, wenn irgendwelche besonders schwierigen Arbeiten zu machen waren, dann gab man mir diese Aufgabe. Und genauso war es, wenn ein anderer etwas verpfuscht hatte. Darauf war ich mächtig stolz. Und kaum bin ich zu Hause und mache etwas im Garten, dann kommt meine Frau und ist damit unzufrieden. Einmal sind die Pflanzen zu dicht gesetzt, dann wieder zu weit, dann ist der Boden nicht

fein genug gehackt, dann sind die Tomaten nicht richtig angebunden. Und so versuche ich, mich möglichst vor Gartenarbeit zu drücken, weil es mir keinen Spaß macht".

Nachdem er neulich den von seiner Frau sorgsam gesäten Spinat versehentlich umgegraben hatte, wurde er bis auf weiteres von der Gartenarbeit beurlaubt. Es fiel ihm schwer, hierzu eine leidende Miene zur Schau zu tragen...

Die moderne Glücksforschung hat nun auch wissenschaftlich festgestellt, daß gegenseitige Zuwendung und Akzeptanz ebenso wie das gelegentliche gemeinsame Ausbrechen aus dem Trott des Alltags Quellen des Glücks sind.

Hand aufs Herz: Gewußt haben wir es ja schon, aber „gewußt" ist nicht „getan"! Es schadet nichts, sich ab und zu daran zu erinnern. Niemand, niemand kann uns daran hindern, Jedenfalls nicht mehr der Berufsstreß!

Das Forsa Institut ermittelte vor kurzer Zeit; daß 91% aller Deutschen den Sinn des Lebens darin sehen, mit der Familie glücklich zu sein. Wer die Chancen nutzt und die Stolperfallen geschickt umgeht, kommt eher ans Ziel.

Ich kann nicht von Glück sprechen, ohne an unsere Kinder und Enkel zu denken. Die Familien leben über das Land verstreut, so daß man sich nicht sehr häufig sieht. Vor 11 Jahren hat mir mein Schwiegersohn fröhlich durch das Telefon zugerufen: Jetzt bist Du Opa!

Ich kenne Menschen, die mit diesem Begriff furchtbare Probleme haben. Für mich ist er ein Ehrentitel! Wir genießen es, mit den acht kleinen Wesen Spaß zu haben, ihnen vorzulesen (oder aufmerksame Hörer ihrer Leseproben zu sein), mit ihnen zu spielen und ihre Fragen anzuhören – und sie manchmal auch beantworten zu können. Und wir sind wieder einmal, wie bei unseren eigenen Kindern, erstaunt, was für großartige Fragen Kindern so einfallen.
Jetzt genieße ich es, hierfür etwas mehr Zeit zu haben.

Unwillkürlich drängt sich da auch die Erinnerung auf, daß ich manche Stunde den eigenen Kindern vorenthalten habe, weil der Beruf es so von mir verlangte. Zum Glück waren es dann doch nicht zu viele. Jetzt weiß ich aus eigener Erfahrung, wie kurz die Spanne ist, in der die Kinder uns dringend brauchen.

„Hast Du versäumt den Augenblick,
jung wirst Du nie mehr werden"

heißt es in einem alten Studentenlied. Wer ihn nicht versäumt hat, so könnte man fortsetzen, der behält einen Teil der Jugend. Zumindest in seinem Kopf.

Luitgard Jany

MYTHOS 5: RUHESTAND = BEZIEHUNGSKRISE

Wir alle kennen das Bild von den sich anschweigenden, biederen Rentnerehepaaren, von streitsüchtigen alten Frauen, die ihre Rentnerehemänner bei jeder Gelegenheit bloßstellen, von tapsigen Männern, die sich im eigenen Haus nicht auskennen und völlig lebensuntüchtig nur für Verwirrung sorgen. Unterstützt wird diese negative Sicht der Paarbeziehung durch Bücher, die behaupten, daß Männer und Frauen sich einfach grundsätzlich nicht verstehen können, da sie „von verschiedenen Planeten" sind.

Selbst wenn wir in unserem eigenen Leben hauptsächlich gegenteilige Erfahrungen machen, gibt es anscheinend noch immer einen gesellschaftlichen Mythos, der da lautet:

„Mann und Frau
verstehen sich nicht, vor allem dann nicht,
wenn sie älter oder alt sind."

Daß dem nicht so ist, zeigen folgende Zahlen:
80 % der 20 Millionen Bundesbürgern zwischen 50 und 70 Jahren sind verheiratet. Auch die ehemaligen 68er Beziehungsrevoluzzer. 67 % der 65 – 85-Jährigen leben in

einer Partnerschaft. Auch in dieser Altersgruppe ist die Ehe die absolut bevorzugte Lebensform, die im Durchschnitt seit 43 Jahren besteht (Generali Altersstudie 2013).

Befragungen ergaben, daß diese Lebenspartnerschaften deshalb so stabil sind, weil die Partner sich in der Regel gut verstehen und einander unterstützen! Die Freude am Zusammensein ist groß und wird in gemeinsamen Aktivitäten und Reisen gelebt. Die Qualität des Gedankenaustausches zwischen den Partnern wird als sehr positiv erlebt. 87% geben an, offen über fast alles reden zu können. 90% verbringen ihre Zeit sehr gern miteinander.
Auch aktive Sexualität spielt im Leben der Älteren eine große Rolle und selbst sexuelle Inaktivität wird nicht als Ende der Liebe erlebt (50+Studie).

Zur äußerst interessanten Frage, ob und wie sich durch den Eintritt in den Ruhestand das gemeinsame Leben veränderte, förderte die Generali Altersstudie 2013 mehr Ermutigendes als Unerfreuliches zu Tage:
59% genießen die Zeit richtig, die sie nun miteinander verbringen können. 43% unternehmen viel mehr gemeinsam als früher. Für 22% hat das gemeinsame Leben seit dem Ruhestand praktisch noch einmal neu begonnen. Von einer deutlichen Verbesserung ihrer Beziehung, seit beide zu Hause sind, sprechen sogar 16% der befragten Paare.
Allerdings streiten sich auch 11% mehr, seit sie beide zu Hause sind.

Welche Ursachen diese vermehrten Streitereien und Unstimmigkeiten haben können, ist sicherlich vielschichtig (z.B. unterschiedliche Interessen und Hobbys, neue Rollenverteilung, unterschiedliche Zukunftspläne). Auch Faktoren wie Vorzeitigkeit, Unfreiwilligkeit des Ruhestandbeginns, Gleichzeitigkeit oder Ungleichzeitigkeit, ob die Frau oder der Mann zuerst in Ruhestand gehen, der Altersabstand des Ehepaares, Unterschiedlichkeiten der sozialen Stellung sowie der sozialen Eingebundenheit können sich als erschwerend erweisen.
Zu diesen Fragen sind weitere Forschungen und Befragungen noch zu erwarten.

Durch Loriots berühmte Filmkomödie „Papa ante Portas" wurde eine besonders heikle Situation bekannt: Der tollpatschige, aber bemühte frischgebackene Vorruheständler trifft auf eine aktive, von dieser neuen Lebenslage überraschte Ehefrau, die ihren Haushalt und ihr Familienleben – sie haben einen gemeinsamen Sohn – bislang sehr gut ohne ihn organisiert hat. Die Aktionen des in Haushalts- und Familienfragen unerfahrenen Mannes führen zwangsläufig zu Missgeschicken und absurd witzigen Situationen. Doch trotz all dieser Skurrilität wird schnell deutlich, daß das Ehepaar sich schon vorher entfremdet hat. Man redet aneinander vorbei, versteht einander nicht, weiß und erahnt nicht, was der andere will, braucht und wünscht. Der Film endet mit einem versöhnlichem Ausblick: beiden ist bewußt geworden, daß ihre Beziehung dann eine neue Chance hat, wenn sie „etwas Sinnvolles unternehmen".

Was uns dieser Film so unterhaltsam vor Augen führt, wurde durch Befragungen bestätigt. Mit Eintritt des Ruhestandes sind besonders dann vermehrt Paarkonflikte zu erwarten, wenn beide sich nicht auf den Ruhestand vorbereitet haben. Sei es, weil der Ruhestandbeginn unfreiwillig eintrat, oder weil das Thema Ruhestand mental und seelisch beiseite geschoben wurde. Dieses Nichtwahrhabenwollen wirkt in unserer Gesellschaft, in der wir doch sonst alles vorhersehbar, einsehbar und planbar machen möchten, eigentlich unverständlich, ja fast anachronistisch.

Doch, wie wir alle ja wissen oder erahnen, verdrängen wir besonders gern solche Ereignisse, Handlungen und Erlebnisse, die uns unangenehm erscheinen, ja vielleicht sogar Angst hervorrufen. Neues, Unbekanntes kann diese Abwehrhaltung hervorrufen. Wir klammern uns dann lieber an das Bekannte, Gewohnte, auch wenn es manchmal schon eintönig und langweilig geworden ist.

Daß der Ruhestand ein neuer, unbekannter Lebensabschnitt ist und allein dadurch Befürchtungen hervorrufen kann, ist so verständlich wie häufig. Was kann helfen?

1. *A* kzeptieren, daß es so ist, wie Sie es empfinden, egal wie es anderen damit geht.

2. *S* prechen, sich austauschen; auch und gerade über Ihre Befürchtungen und Ängste.

3. *S* chönes erwarten. Ja, denn es gibt die sich selbsterfüllenden Prophezeiungen.

Also ziehen Sie die beste Spielkarte, das ***As***!

Je früher Sie sich so auf diesen neuen Lebensabschnitt einlassen, desto geringer sind die dann auftretenden Anpassungsschwierigkeiten. Im Gegenteil. Sie werden dann zu den glücklichen 90% gehören, die ihre Zeit sehr gern miteinander verbringen.

Für praktische Fragen des gemeinsamen Haushalts und für die Bewältigung weiterer potentieller Konflikte, die sich aus der neuen, ungewohnten Situation ergeben können, hilft das Motto:

Vieles ist erlernbar. Auch das Braten eines Spiegeleis.
Verständnisvolle Hilfestellung, *ohne Bevormundung,* ist erwünscht.
Humor und Geduld bringen schneller gute Früchte als Ärger und Aufregung.

Mit dieser Einstellung – auf beiden Seiten – können potentielle Konfliktsituationen nicht nur entschärft sondern auch neue Kompetenzen erlernt werden. Da können sich sogar bislang unbekannte und nicht erahnte Fertigkeiten entwickeln! Sie lassen den Partner in einem neuen Licht erscheinen. Und da Weniges tödlicher ist für eine Beziehung als Langeweile und Routine, gelingt Ihnen so nicht nur das Spiegelei, sondern auch ein positiver Beziehungskick. ■

Glückwunsch:
Angekommen im neuen Gleichgewicht!

GLÜCKWUNSCH: ANGEKOMMEN IM NEUEN GLEICHGEWICHT!

Bewußt leben • Es ist Ihre Zeit!
• Irgendwann ist auch das Altersprojekt zu planen

Herrlich, diese Freiräume!
Noch habe ich immer wieder im Hinterkopf das Gefühl, morgen früh irgendeine dienstliche Verpflichtung zu haben oder jetzt, an einem Sommertag nachmittags um halb vier, nicht einfach im Garten sitzen zu dürfen.

Doch, ich darf!
Als Langstreckenläufer bin ich schon vor Jahren zu der Erkenntnis gekommen, daß das Leben wie ein Marathonlauf ist. Dort muß man darauf achten, daß man genauso viel Sauerstoff einatmet, wie die Muskeln zum Verbrennen brauchen. Laufen im aeroben Bereich, sagen die Sportmediziner dazu.

Mit dem Leben ist es genauso: man muß so viel Freude und Kraft tanken, wie man sie zur Erfüllung seiner Aufgaben braucht. Kurzfristig kann man mal auf Reserve fahren (mancher von Ihnen kennt noch den VW-Käfer mit dem Reserve-Umschalthebel!), aber das reicht nicht lange. Trotzdem: Bei allen guten Vorsätzen bin auch ich manchmal auf Reserve gefahren; zum Glück aber nie stehen geblieben. Jetzt kann ich meine Kraft so ausgleichen, daß der Karren fährt. Wie alle Menschen hoffe ich, noch lange. Vernünftige Menschen um mich herum sagen mir, ich solle kürzer treten. Wahrscheinlich haben sie recht.

Gesteuert aber werden wir alle vom Kopf. Wir dürfen uns freuen, zum Beispiel daran, daß wir seit über 60 Jahren in Mitteleuropa keinen Krieg mehr hatten. Zum Beispiel darüber, daß wir in einem wunderschönen Land leben dürfen, einem Land mit geordneten politischen Strukturen und einer funktionierenden Gewaltenteilung. Und auch einem hohen Maß an Wohlstand.

Wir müssen deswegen nicht die schlimmen Dinge, die passieren, die Mißstände und die Unzulänglichkeiten ausblenden. Aber wir alle können an mancher Stelle in unserem eigenen Umfeld etwas dagegen tun.

Schon 1985 sagte der berühmte Philosoph Karl Popper:

„Ich sehe die größte Gefahr eigentlich im Pessimismus, in dem dauernden Versuch, jungen Menschen zu sagen, daß sie in einer schlechten Welt leben. Wir leben, historisch gesehen, in einer der besten Welten, die es jemals gegeben hat!“

Und wir, liebe Zeitgenossen, in einer der besten Altersphasen! Nutzen wir sie. Ich versuche, meine Zeit jetzt von allem freizuhalten, was mir nutzlos scheint. Und von Gedanken, die mich nur belasten, ohne daß ich konstruktiv etwas zu einer Problemlösung beitragen kann.

Irgendwann wird wieder ein neuer Lebensabschnitt beginnen, einer, bei dem ich auch auf andere Menschen angewiesen sein werde. Wenn ich ihn genauso bewußt und dankbar lebe, wie die fast 97-jährige Dame, von der mein Freund Dieter immer wieder begeistert erzählt, wird auch dieser Abschnitt ein Ja zum Leben sein. Dafür werde ich mir (hoffentlich) rechtzeitig ein neues Projekt ausdenken. Vielleicht gibt es wieder ein Buch!

Gerade kommt meine Frau mit einem fröhlichen „Hallo, Ruheständler“ zur Haustür herein.

Ist das Leben nicht schön?

NACHWORT

Mehr als fünf Jahre nach der ersten Auflage sind inzwischen vergangen. Ein Anlaß auch zu einer Bestandsaufnahme. Haben sich die Aussagen in der Erfahrung als richtig erwiesen? Fehlte Wesentliches? War vielleicht Manches zu optimistisch?

Inzwischen fängt auch die Gesellschaft an, Menschen im Ruhestand doch ein bißchen anders zu bewerten. Die durchschnittliche Lebenserwartung der Deutschen steigt jedes Jahr um nicht weniger als zwei Monate: Und das sind keine zwei Monate im Siechtum. Immer mehr Menschen gestalten in dieser Phase ihr Leben aktiv. Immer mehr Menschen arbeiten noch in irgendeiner Form. In Teilzeit für den alten Arbeitgeber, als Selbständige im eigenen Unternehmen – vielleicht noch hilfreich unterstützend an der Seite der eigenen Nachfolger. Ob aus schierer Notwendigkeit, ob aus anderen Motiven: Wichtig allein ist, daß sie es noch gesundheitlich können.

Wichtig ist dabei auch, seine eigenen, enger werdenden Grenzen regelmäßig aufzuspüren und die Konsequenzen zu ziehen. Ein großer Pianist sagte einmal: Wenn ich eine Woche nicht geübt habe, merke ich es selbst, dann merken es die Kritiker und erst später merkt es das Publikum.

Ähnlich gilt es auch hier: Ehe es „das Publikum“ merkt, kann es sinnvoll sein, mit bestimmten Tätigkeiten Schluß zu machen! Mit jedem Jahr empfindet man stärker das Verrinnen der Zeit. Da darf man getrost das Motto der alten Römer: „Carpe diem“ – „Pflücke den Tag“ auch zu seinem eigenen Lebensmotto machen. War es schon in früheren Tagen wenig sinnvoll, verpassten Gelegenheiten nachzutrauern und über gemachte Fehler zu klagen, so ist jetzt die Zeit dafür endgültig zu schade. Man sollte sie möglichst nicht mehr wiederholen! Dann spätestens aber gehört der Blick der Zukunft!

„Pflücke den Tag“ ist alles andere als ein Plädoyer für den unendlichen Genuß. Wer nur von einem „Event“ zum nächsten oder von einer Reise zur anderen torkelt, wird schnell in eine Leere fallen. Auch jenseits der 65 kommt es auf die richtige Mischung aus An- und Entspannung an.

Unserem Plädoyer für das Dienen schiebe ich gern noch eine Bemerkung nach. Das Thema „Pflegenotstand“ in Verbindung nach einem immer lauteren Ruf nach dem Staat läßt einen Gesichtspunkt zu Unrecht links liegen: Fehlende menschliche Zuwendung kann kein Staat lösen. Das Ehrenamt steht beispielhaft für das Helfen in Freiheit. Ich bestimme selbst, wo und wie lange ich dienen will und wieviel ich mir selbst auch zutraue. Ja, manche Aufgaben benötigen einfach auch ein gutes Stück Lebenserfahrung – und die bringt unsere Generation ein!

Die Generation, die in diesen Jahren in den Ruhestand geht, ist noch mit den Nachwirkungen des zweiten Weltkriegs aufgewachsen. Zerstörungen, Hunger, Vertreibung, Not und Kriegerwitwen waren für sie noch allgegenwärtig. Wir wissen um den Wert des Friedens. Denn wir haben den Krieg gespürt.

Wenn in dummem Geschwätz und bar jeder Sachkenntnis heute Egoismus gepredigt und Gewalt als Problemlöser deklamiert wird, dann dürfen wir mit unseren Erfahrungen nicht hinterm Berg halten. Etwas Mut ist dafür schon notwendig. Was hindert uns daran, in unseren Familien, im Freundes- und Bekanntenkreis deutlich zu sagen, daß Diskussionen über gekrümmte Gurken und andere EU-Richtlinien tausendmal harmloser sind als ein einziger in einem Krieg gefallene Soldat?

Laßt uns, liebe Mit-Ruheständler, nicht müde werden, dies der jüngeren Generation immer wieder zu sagen! Damit nicht durch Unbesonnenheit, Wankelmütigkeit und Unerfahrenheit die Freiheit verspielt wird.

Ich wünsche Ihnen, daß Sie die Chancen ***Ihrer*** neuen Freiheit nutzen. Es geht um ganz wichtige Jahre Ihres Lebens! ■

ANMERKUNGEN

1 *Horst W. Opaschowski, Deutschland 2030, Wie wir in Zukunft leben, Gütersloh 2008, www.sh-lebenstraum.de Zitiert in: Csef, Die Sinnkrise des modernen Menschen.*

2 *Bamia C et al. Age at Retirement and Mortality in a General Population Sample. Am J Epidemiol 2008;167:561-569*

3 *Nuttman-Shwartz O. Like a High Wave: Adjustment to Retirement. The Gerontologist 2004;44:229-236*

4 *Eckerdt DJ et al. The Effect of Retirement on Physical Health. Am J Publ Health 1983;73:779-783*

5 *Westerlund H., et al., Effect of retirement on major chronic conditions and fatigue: French GAZEL occupational cohort study. British Med J 341, 2010*

6 *Ritter MA et al. Retirement from Orthopedic Surgery. J Bone Joint Surg 1999;81:414-418*

7 *Köcher R. et al., Generali Altersstudie 2013. S. Fischer Verlag, Frankfurt a.M., 2012*

8 *Krug S et al., Körperliche Aktivität. Ergebnisse der Studie zur Gesundheit Erwachsener in Deutschland (DEGS1). Bundesgesundheitsblatt 56: 765-771, 2013*

9 *Berk DR et al. Associations of Changes in Exercise Level With Subsequent Disability Among Seniors: a 16-year longitudinal study. J Gerontol 2006; 61:97-1002*

10 *Slingerland AS et al. Aging, Retirement, and Changes in Physical Activity: Prospect Cohort Findings from the GLOBE Study. Am J Epidemiol 2007; 165:1356-1363*

11 *Booth FW et al. Fundamental Questions About Genes, Inactivity, and Chronic Diseases. Physiol Genomics 2007;28:146-157*

12 *Ostir GV et al. Hypertension in Older Adults and the Role of Positive Emotions. Psychosomatic Medicine 2006; 68:727-733*